KB200613

나는 하나님의 영광을 위해 공부한다

나는 하나님의 영광을 위해 공부한다

지인환 지음

규장

하나님의 영광을 위하여 공부하면 지혜는 따라서 옵니다

제 이름은 지인환입니다. 미국 사람들은 저를 부를 때 '인환'이라 부르지 않고 주로 '데이빗'(David)이라고 부릅니다. 다윗의 영어식 이름이지요. 다윗처럼 하나님의 마음에 합한 사람, 하나님의 영광을 위해 사는 사람이 되고 싶은 저의 바람을 이름에 담은 것입니다. 저는 지금도 여전히 어린 사람이지만, 아주 어렸을 때부터 다윗과 같이 '하나님의 마음에 합한 사람'이 되어야 한다고 배웠습니다. 그런 사람이 되기 위해서는 무엇을 하든 주께 하듯 하며, 하나님의 영광을 위하여 살아야 한다는 것을 말씀을 통해 배웠습니다.

저는 목회자의 가정에서 태어난 둘째 아들로, 어머니 뱃속에서부터 기도와 찬송과 말씀을 들으며 자라났습니다. 그러다가 제가 초등학교 1학년을 마칠 무렵 아버지가 미국으로 유학을 떠나시면서 저도 자연스레 부모님을 따라 미국으로 건너가게 되어 나머지 초등학교 과정과 중고등학교 과정을 모두 미국 학교에서 마치게 되었습니다.

처음 미국에 갔을 때 우리 가족은 영어를 자유롭게 할 수 없었을 뿐더러 경제적으로도 넉넉하지 않아 많은 어려움을 겪어야 했습니다. 미국 아이들은 피부 색깔이 다른 동양인 아이가 영어도 못한다며 놀리고 '왕따'를 시켜버리기 일쑤였습니다. 속이 상한 저는 부모님이 종종 하시던 모습 그대로, 좁은 집안에 마련해둔 아주 작은 기도실에 들어가 울며 기도할 때가 많았습니다. 그렇게 배운 기도와 말씀 가운데 성장했기 때문에, 사춘기에 접어들 무렵 개인적으로 하나님을 만나는 체험도 하게 되었다고 생각합니다. 그렇게 하나님과의 관계가 일찌감치 맺어지면서, 저는 학생으로서 제 인생의 목표를 분명히 설정할 수 있었고 결과적으로 공부에도 전념할 수 있습니다. 이 모든 것이 하나님의 은혜입니다.

2003년 6월, 저는 미국에 있는 대학에 가기 위해 치러야 할 관문 중 하나인 SAT I(Scholastic Aptitude Test : 미국 대학 입시를 위한 학습능력적성시험)을 보았고, 1,600점 만점을 받았습니다. 그리고 SAT II 시험과 복잡한 전형절차를 거쳐 2004년 4월 1일, 미국 동부의 명문 사립대학이며, 아이비리그 중 하나인 하버드대학교 의예과(premed)로부터 합격 통보를 받았습니다.

더욱더 감사한 것은, 하버드대학교에 다닐 때 필요한 학비를 전액장학금(full scholarship)으로 지급받게 되었다는 것입니다. 더욱이 고등학생 시절에 치렀던 PSAT 시험 성적에 따라 받게 된 별도의 장학금(National Merit)까지 받게 되었습니다. 이 모든 것이 하나님이 주신 은혜입니다.

은혜 위에 은혜

하버드대학교는 학교 건물마다 담쟁이덩굴(ivy)이 많아 '아이비리그'(Ivy League)라고 통칭해서 불려지는 미국 북동부의 8대 명문 대학교 중 하나로서, 특히 한국 사람들에게는 미국 명문 대학의 대명사처럼 알려진 대학교입니다. 하나님께 영광을 돌리고 사람들에게 봉사할 수 있는 기회를 얻기 위해 노력하며 기도해온 제게 이제 진학의 문이 열린 것입니다. 앞으로 더욱 열심히 공부하여 하나님이 제게 주신 달란트와 지혜로 사람들을 섬기고 하나님께 영광을 돌리리라 다짐해봅니다. 하나님이 제게 이와 같은 은혜를 주신 이유는 저의 영광을 위한 것이 결코 아니요. 오직 하나님이 저를 통해 영광을 받으시며, 하나님과 이웃을 섬기게 하려 하심이라고 믿기 때문입니다.

저는 이제 겨우 인생의 출발선에 선 10대 후반의 청년에 불과합니다. 그러므로 제가 살아온 이야기를 공개하고 나눈다는 것이 조심스러워 많이 망설였습니다. 하지만 저는 하나님이 주신 크고 놀라운 은혜의 비밀을 사랑하는 한국의 후배들과 나누라는 주위의 권면에 순종하기로 했습니다. 또한 기도하는 중에 하나님이 제게 주신 은혜로운 체험을 전도의 기회로 삼으라는 하나님의 뜻을 기쁘고 감사하게 받아들였습니다.

하지만 미리 분명히 해두고 싶은 점이 한 가지 있습니다. 제가 이 책을 쓴 목적은 어떻게 하면 공부를 잘하고 점수를 좀 더 높여 좋은 대학을 가는지 그 방법을 말하려는 데 있지 않다는 사실입니다. 학창시절에, 특히 청소년(청년)의 때에 여호와 하나님을 기억하고 하나님을 삶의 최고 우선순위로 삼는 것이 우선되지 않으면, 제게 혹 특별하고 효과적인 학습 노하우가 있었다 해도 그 방법 자체는 무의미할 뿐입니다. 결국 제가 뭘 잘했다는 이야기는 제 이야기의 초점이 아닙니다. 저는 오로지 저를 통해 하나님이 영화롭게 되며 하나님의 은혜와 영광이 드높여지기를 소망합니다. 그런 자세가 우선되면, 공부는 제가 그랬던 것처럼 자연스럽게 잘되리라고 저는 믿습니다. 지혜는 하나님이 주시는 것이기 때문입니다. 물론 제가 공부를 하면서 이런 약간의 성취를 이룬 데는 방법이나 노하우가 없지는 않습니다. 만일 독자 여러분이 보시기에 저의 학습법이 유익하고 효과적인 측면이 있다면 그것은 하나님이 '은혜 위에 은혜'로 주신 것입니다.

따라서 지금부터 전하려는 저의 이야기와 나름대로 터득한 공부법(학습법) 이야기는 제게 주신 하나님의 선물임을 거듭 밝혀둡니다. 제가 하나님께 받은 것을 여러분과 함께 나누려고 합니다. 이 책의 내용이 사랑하는 후배들과 믿음의 부모님들에게 조금이라도 도움이 되기를 바랍니다.

하나님께 세세 무궁토록 모든 영광을 올려드립니다. 여러분이 이 책의 마지막 페이지를 덮기도 전에, 저의 이름은 흔적도 없이 사라지고 하나님의 이름과 능력만이 드높이 찬양받으시기를 기도합니다. 그리하여 여러분도 '공부 어떻게 할까?' 하고 고민하기 전에, '어떻게 하면 하나님께 영광을 돌리는 삶을 살까?' 하는 생각부터 하게 되기를 기도합니다. 그러면 나머지는 하나님이 인도하실 것입니다. 이것을 진실로 믿으시기 바랍니다. 부디 여러분도 저와 동일한 고백을 하게 되기를 기대합니다.

"나는 하나님의 영광을 위해 공부합니다!"

지인환

프롤로그

1부 하나님을 경외하는 것이 지혜의 근본이다

하나님의 영광을 위해 공부한다고 마음먹으면 하나님께서 지혜를 주시고 도와주셔서 분명히 공부를
더 잘할 수 있게 된다고 믿습니다. 하나님을 경외하는 것이 지혜의 근본입니다.

2부 하나님의 영광을 위한 학습법 마스터링

하나님은 우리 자신이 하나님이 마음껏 쓰실 수 있을 만한 실력 있는 사람으로 성장하기 원하십니다.
그만한 실력을 갖추기 위해서 우리는 공부해야 합니다. 하나님의 뜻을 헤아린다면 게으를 수가 없습니다.

3부 SAT와 미국 대학 진학 가이드

미국 대학은 입학하려는 학생들을 선발하는 기준이 SAT 점수 외에도 매우 다양합니다.
SAT 외에 인터뷰를 통해 성격과 성품을 파악하고 학창시절의 봉사활동과 과외활동을 검토합니다.

에필로그

10

하나님을 경외
하는 것이
지혜의 근본이다

하나님의 영광을 위해 공부한다고 마음먹으면 하나님께서 지혜를 주시고 도와주셔서 분명히 공부를 더 잘할 수 있게 된다고 믿습니다. 사람에 따라 두뇌능력(IQ)에는 차이가 있을 수 있습니다. 아무래도 두뇌가 우수한 아이들이 공부를 더 잘하는 편입니다. 그러나 아무리 똑똑해도 공부에 뜻을 두지 않거나 생활의 지혜가 없다면 공부를 잘할 수 없습니다. 더욱이 지혜는 하나님이 주시는 것입니다.

1장 하나님이 주신 선물, SAT 만점

SAT 만점이라는 결과를 확인했으니 당연히 기쁨은 배가되었지요. 하나님은 제게 큰 복을 주셨습니다. 하나님께 영광 돌리기 위해 공부한다는 생각으로 아무리 힘들어도 열심히 공부하려고 노력했을 뿐인데 이렇게 좋은 결과가 돌아왔기 때문입니다.

하나님을 위한 최고의 열매 SAT 만점

2003년 6월 어느 날, 아직 점심식사를 하기 전이었습니다. 저는 인터넷을 통해 6월 초에 치른 SAT 점수를 확인하려고 컴퓨터를 켰습니다. 컴퓨터가 부팅(booting)되는 동안 저는 방바닥에 무릎을 꿇고 앉아 기도했습니다. 점수가 어떻게 나왔을지 궁금해 마음이 무척 떨렸기 때문입니다.

저는 같은 해 1월에도 SAT 시험을 보았습니다. 그때 점수는 수학영역(Math)이 800점, 영어영역(Verbal)은 720점으로 도합 1,520점이었습니다. 800점이 각 과목 만점으로 도합 1,600점이 SAT 만점입니다. 보통 1,400점 이상의 점수가 나오면 미국 내 상위권 명문대학에 합격할 가능성이 높다고 알려져 있습니다. 따라서 1,500점 이상의 점수를 받았다는 것은 웬만한 명문대학에 입학할 가능성이 매우 높다는 것을 의미하기 때문에 그때에도 이미 주변에서 무척 기뻐하며 큰 기대를 해주었습니다.

SAT 시험은 두 번 이상 볼 수 있습니다. "하나님의 영광을 위해 공부한다"라는 말을 입버릇처럼 반복하며 다짐해온 저로서는 이왕이면 더 좋은 점수를 하나님께 드리고 싶었습니다. 그래서 몇 개월 뒤 SAT 시험을 다시 본 것입니다.

저는 두 번째 시험에서는 가능하면 만점을 받고 싶었습니다. 1,600점이라는 점수를 자랑하고 싶어서가 아니라 최고의 결과를 하나님께 올려드리고 싶었기 때문입니다. 하나님이 제게 공부할 수 있는 달란트와 기회를 주셨으니 최고의 것으로 열매를 맺어 하나님께 영광을 돌리는 것이 옳겠다 싶었기 때문입니다.

그러나 솔직히 그것은 제 능력으로는 불가능에 가까운 일이었습니다. 만일 그런 점수를 받게 된다면 그것은 기적일 것입니다. 저는 미국에서 태어나서 자란 사람이 아니기 때문에 완벽한 미국인도 아닙니다. 부모님을 따라 어려서 유학을 온 1.5세 한국인 교포입니다. 저보다 똑똑하고 건강하며 공부 잘하는 미국 학생들은 너무나 많습니다. 더욱이 첫 번째 시험보다 두 번째 시험에서 더 좋은 점수가 나온다고 장담할 수도 없는 노릇이었습니다. 하지만 저는 기도하면서 하나님이 제게 주신 은혜와 소명을 다시금 돌아보고 마음을 가다듬었습니다. 저에게 어떤 결과가 있든지, 하나님은 저를 통해 영광을 받으시리라고 믿었습니다.

저는 어려서부터 부모님으로부터 기도와 신앙훈련을 받으면서 자라났고, "하나님께 영광을 돌리기 위해 공부한다!"라는 말의 의미를 청소년 시절부터 깨달아 속으로 다짐해두고 있었습니다. 따라서 제가 받은 시험 점수가 어떠하든지 그 결과는 제 것이 아니라 하나님이 주신 선물이므로, 하나님께 가장 먼저 영광을 돌려드려야 한다고 생각했습니다. 누구 못지않게 최선을 다해 공부했으니 가급적 가장 좋은 점수를 얻어 하나님께 드리고 싶었던 것입니다. 그러므로 누군가 제게 굳이 만점을 받고 싶었던 이유가 무엇이었는지 말하라면 저는 '오직 하나님 때문'이라고 답할 수 있습니다.

모든 영광을 받으소서

저는 SAT 점수를 알려주는 SAT 주관처의 인터넷 홈페이지(www.collegeboard.com)를 열어보기 전에 마지막으로 이렇게 기도했습니다.

"하나님, 그동안 나름대로 열심히 공부했습니다. 이제 점수를 확인하려고 합니다. 이왕이면 만점을 주셨으면 좋겠어요. 하나님께 영광을 돌려드리고 싶기 때문입니다. 하지만 점수가 어떻게 나오든 인환이는 하나님께 감사드릴 것입니다. 하나님께서 이 모든 영광을 받아주시옵소서."

저는 떨리는 가슴을 진정시킨 다음, 한 자 한 자 조심스레 키보드를 두드려 로그인(log-in) 아이디와 비밀번호를 입력했습니다. 화면이 바뀌고 저를 환영한다는 뜻의 "웰컴 데이빗"(Welcome David!)이라는 글씨가 선명했습니다. 서둘러 스크롤을 내려 아래에 있는 점수판 기록을 찾아보았습니다. 작은 글씨였지만 2차 시험 점수 결과가 제 눈에 또렷이 들어왔습니다.

수학 800점, 영어 800점, 도합 1,600점. 만점이었습니다. 제가 SAT 만점을 받았음을 알려주는 숫자가 컴퓨터 모니터에 또렷이 나타났습니다. 시험을 치른 학생들과 비교한 상대평가지수에서도 최고 석차를 뜻하는 99퍼센트가 표시되어 있었습니다. 99퍼센트란 저의 점수가 상위 1퍼센트에 속한다는 뜻이며 제가 받은 점수보다 낮은 점수를 받은 사람들이 전체의 99퍼센트임을 뜻하는 표현입니다. 제가 SAT 만점을 받은 것입니다! 오, 하나님! 이럴 수가!

너무 놀란 나머지 저는 그만 자리에서 벌떡 일어나 "으악" 하고 고함을 지르고 말았습니다. 펄쩍거리며 방안을 뛰어다니기도 했습니다. 다른 누가 보았다면 아마 미친 사람이라고 했을 것입니다.

마침 옆방에 계시던 이모님이 제게 무슨 사고라도 난 줄 알고 황급히 제 방으로 달려오셨습니다. 그때 제 모습이 하도 이상해서 큰 문제가 생긴 줄 알고 놀라셨다고 합니다. 더욱이 평소 차분한 성격인 저는 그렇게 큰 소리를 내는 적이 없기 때문입니다. 그렇게 이상한 행동을 한 다음, 방으로 달려오신 이모님을 쳐다보지도 않은 채 저는 5분 정도 더 기도했습니다. 영문을 모르시던 이모님은 그 모습을 보고 더욱더 걱정스럽고 이상한 생각이 드셨다고 합니다.

하지만 제 기도 소리를 들으신 이모님은 금세 제게 무슨 일이 생겼는지 아셨습니다. 제가 받은 점수에 감사하는 기도를 드리고 있었기 때문이지요.

"할렐루야! 우리 인환이가 만점을 받았구나! 엄마도 아빠도 서울에

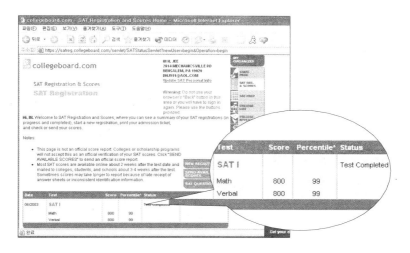

지인환 군이 SAT 시험 결과 만점(수학 800점, 영어 800점)을 받았음을 통지해준 컬리지보드닷컴 (www.collegeboard.com)의 웹사이트.

가 계시기 때문에 혼자 치렀던 시험인데, 그 많은 미국 학생들 틈에서 인환이가 SAT 만점을 받았구나! 오 이런! 하나님, 감사합니다. 감사합니다."

그때 저는 영어로 이런 기도를 반복하고 있었습니다.

"Father, take all the glory because I know it's not from what I've done but from your graciousness."

"하나님 아버지, 모든 영광을 받으소서. 이것(만점의 영광)은 제가 한 일이 아니라 하나님의 은총 때문이라는 것을 제가 알기 때문입니다."

1,600점 만점이야 만점!

이모님은 그 즉시 서울로 전화를 걸었습니다. 이 소식을 당장 제 부모님께 전하기 위해서였습니다. 그런데 하필이면 그때 부모님이 서울 집에 계시지 않았습니다. 이모님은 이리저리 수소문을 하셨고, 지방에서 열리고 있는 교역자수련회에 참석하고 계시던 부모님께 드디어 연락이 닿았습니다.

때마침 그날은 할머니의 생신이셔서 수련회에 참석하고 계시던 아버지와 어머니께서 수련회 장소 부근 식당으로 할아버지, 할머니와 삼촌을 초대하여 온 가족이 함께 점심 식사를 하고 계시던 중이었습니다. 한자리에 앉아 제 소식을 접한 가족은 다들 더할 나위 없이 기뻐했다고 합니다.

제가 대학 시험 준비를 하던 무렵, 아버지와 어머니는 앞으로의 목회 진로를 놓고 기도하고 계셨습니다. 원래 아버지는 미국으로 유학을 떠나오실 때부터 신학공부를 끝내고 학위를 받고 나면 하나님께서 앞길을 열어주시는 대로 한국으로 돌아가 목회하고 싶다는 소망을 갖고 계셨습니다. 그간 아버지는 필라델피아에서 한인교회의 담임을 맡아 8년 여간 목회하시던 중 교회 건축도 마치셨고 박사학위도 받으셨습니다. 그런데 때마침 서울 삼선감리교회의 담임목사로 청빙을 받게 되셨습니다.

2003년 3월, 이 소식이 벤살렘교회 교인들에게 알려지자 모든 교인들은 매우 슬퍼하며 아쉬운 마음을 감추지 못했습니다. 아버지 역시 이곳의 정든 교우들과 헤어져서 한국으로 돌아가기까지 한 달이 조금 넘는 기간 동안 섭섭한 작별을 준비하셨습니다. 아쉽기는 저나 형도 마찬가지였습니다. 하지만 저는 아버지가 참으로 행복한 목회자라는 생각이 들었습니다. 왜냐하면 아버지는 이곳에서 목회하시는 동안 어려운 교회 건축을 성공리에 마치셨을 뿐만 아니라 힘겨운 이민생활을 하는 가운데 있는 교우들과도 사랑이 넘치는 복된 목양을 하셨기 때문입니다.

교회에서 송별예배를 드리던 날, 어른은 물론 어린아이들까지 모두 아쉬움의 눈물을 흘렸습니다. 한 사람 한 사람씩 모두 어머니 아버지와 얼싸안으며 작별의 포옹을 나누었습니다. 나도 형과 함께 어머니 아버지와 포옹을 하였습니다. 아버지와 어머니는 저희 형제를 미국에 두고 먼저 서울로 가셔야 했기 때문입니다. 더욱이 저는 저보다 1년 앞서 뉴욕대학교 장학생으로 입학한 형과도 떨어져 살았기 때문에 한동안 혼자 공부하기 힘들었을 뿐만 아니라 외로움을 느끼기도 했습니다. 그러나 기도하며 열심히 공부하는 가운데 외로움도 잊고 지냈습니다.

그런 상황에서 SAT 만점이라는 결과를 확인했으니 당연히 기쁨은 배가되었지요. 하나님은 제게 큰 복을 주셨습니다. 하나님께 영광 돌리기 위해 공부한다는 생각으로 아무리 힘들어도 열심히 하려고 노력했을 뿐인데 이렇게 좋은 결과가 돌아왔기 때문입니다.

저는 형과 함께 기쁨을 나누고 싶어 직접 전화를 걸었습니다. 형의 목소리가 들려오자마자 흥분한 저는 다짜고짜 이렇게 외쳤습니다.

"I got a sixteen hundred!"(내가 1,600점 만점을 받았어!)

형은 그 말뜻을 금세 깨달았고 크게 놀라며 기뻐해주었습니다.

저보다 두 살 위인 형 영환은 그 당시 일주일간 플로리다(Florida)

주 올랜도(Orlando)에서 열리고 있던 '전 세계 조로증(早老症) 환자들의 모임'에서 한국인 환자들을 위한 통역 자원봉사를 하고 있었습니다. '오 브라더스'라는 한국영화에도 조로증에 걸려서 형보다 나이가 많아 보이는 초등학생 동생이 나옵니다. 형 영환은 3년 넘게 이 한국인 조로증 환자의 통역 자원봉사를 맡고 있었는데 그 봉사를 하던 도중에 제 소식을 들은 것입니다.

형은 저보다 활달한 성격입니다. 비즈니스에 관심과 재능이 많아서 14살이던 중학생 때부터 부모님의 동의 하에 햄버거 가게에서 아르바이트를 하기도 했고 줄곧 여러 가지 일을 하면서 고등학교를 다녔습니다. 고등학생 때에도 방과 후나 주말이면 유태인 회사에서 컴퓨터 업무를 돕는다든지 '론스타'라는 스테이크 레스토랑에서 한 달에 60시간 정도 일을 하며 공부했습니다. 이렇게 해서 고3 때에도 약 5천 달러를 벌었고 세금 보고까지 꼬박 꼬박 하였습니다.

형은 공부도 잘해서 아주 높은 SAT 점수를 받았고, SAT II에서도 높은 점수를 받아 뉴욕대학교 경제학과(Business School)에 장학생으로 입학했습니다. 형은 저와 함께 SAT 모의고사를 여러 차례 연습하기도 했으므로, 제가 받은 만점의 의미를 누구보다 잘 아는 사람이었습니다. 그래서 그런지 제게는 형의 축하인사가 더욱 각별하게 느껴졌습니다.

하나님께 영광 돌리는 삶을 위하여

익사이팅!(exciting) 그날의 분위기와 느낌을 영어로 표현하자면 저는 바로 이 단어를 꼽을 것입니다. 제가 다니던 벤살렘고등학교와 교회는 물론 지역신문과 교포사회에서도 저의 SAT 만점을 축하해주었습니다. 어떻게 알았는지 한국의 국민일보에서도 저희 가족사진을 게재하면서 저의 SAT 만점 소식을 전했습니다. 아마도 감리교회 관계자를 통해 제 이야기가 고국에 전해진 모양입니다. 그 기사의 제목은 '말씀으로 자란 한국소년 美 SAT 만점'이었습니다. 기자는 다음과 같이 기사를 써주었습니다.

철저한 신앙교육을 받고 자란 10대 한국 소년이 최근 실시된 미국대학입시학력고사(SAT)에서 만점을 맞았다. 더구나 이 결과에 대한 모든 영광을 하나님께 돌렸다는 이야기가 전해지면서 교민뿐 아니라 국내 성도들 사이에서도 잔잔한 감동을 주고 있다.

현재 미국 펜실베니아 벤살렘고 11학년(고교 2학년)에 재학중인 지인환(16) 군이 정말 나오기 어렵다는 SAT 만점의 주인공이다.

지 군은 소감을 묻는 주위 사람들에게 "앞으로 신앙이 좋은 의사가 되어 어렵고 가난한 사람들을 치료해주고 싶다"라고 말했다.

지 군은 서울 동소문동 삼선감리교회 지성래 목사의 차남이다. 지 목사는 "특별히 인환이에게 공부를 강요한 적은 없다"라며 "오히려 교회 봉사활동, 기도생활을 꾸준히 하면서 쌓은 신앙의 힘이 공부에 도움이 된 것 같다"고 말했다.

지 군은 초등학교 1학년을 마친 1994년 부모님과 함께 도미(渡美)했다. 당시 광림교회 부목사였던 지 목사는 유학길에 올라 9년 동안 미국에서 한인연합감리교회를 섬겼고 한 달 전 청빙을 받아 김명신 사모와 함께 부부만 귀국했다.

지 군은 부모님이 한국으로 떠나기 직전 고교 2학년 때부터 시험 볼 자격이 주어지는 SAT에서 영어 수학 두 과목 모두 800점씩 1,600점 만점을 맞았다. 성격이 좋아 주위에 친구가 많은 지 군은 학교에서도 줄곧 전교 1, 2등을 놓치지 않았고 특히 중학교 때는 미국 전국학생시선협회가 주최한 시 쓰기 대회에서 'Life'란 제목의 시가 뽑혀 시집을 출간하기도 했다.

학교에서는 오케스트라반에서 바이올린을 연주하고 육상부에서도 활동하는 지 군은 매주 금요일 집 근처에 있는 종합병원에서 4시간씩 2년째 병원 봉사활동을 하고 있다. 또 교회에서는 형 영환 군과 함께 찬양단에서 기타를 연주하며 주일학교에서는 보조교사로 적극적인 봉사생활을 하고 있다.

지 목사는 "어렸을 때 미국으로 건너가 혹시 우리말을 잊어버리지 않을까 걱정했지만 토요일마다 한글학교에 나가 교육을 받고 있다"면서 "미래의 꿈을 이루기 위해 성경공부를 통해 철저한 신앙수업을 받고 있다"라고 설명했다. 한편 형 영환 군 역시 올해 뉴욕대 경제학과에 4년 장학생으로 입학, 주위의 부러움을 사고 있다.

– 국민일보 2003년 6월 30일자, 노희경 기자

사진 설명에는 "미국 대학입시학력고사(SAT)에서 만점을 받고 하나님께 모든 영광을 돌린 지인환 군과 가족. 지 군의 꿈은 신앙이 깊은 좋은 의사가 되어서 어려운 사람들을 보살펴주는 것이다"라고 나와 있었습니다. 신문기사 내용 중 다른 것은 몰라도, "말씀으로 자란 한국 소년"이라는 말이 저를 잘 표현해주는 말이라고 생각했습니다. 또 사진 설명이 말해주는 것처럼 장차 신앙이 깊은 의사가 되어서 어려운 사람을 보살펴주고 싶은 꿈을 이루고 싶습니다.

Certificate of Admission to

HARVARD COLLEGE

THIS IS TO CERTIFY THAT

In Hown Jee

having qualified in all respects is hereby admitted
as a candidate for the
degree of Bachelor of Arts

Cambridge, Massachusetts

WILLIAM R. FITZSIMMONS
Dean of Admissions and Financial Aid

하버드대학교에 합격되었음을 알려
준 합격통지서

그해 여름방학에 저는 형과 함께 오랜만에 서울을 방문했습니다. 아버지가 부임하신 교회에서 간증도 하고 할아버지와 친척을 만나 인사도 드렸습니다. 그리고 다시 미국으로 돌아가 SAT의 두 번째 단계인 SAT II 시험을 준비하며 연말에 여러 대학에 입학 지원을 했고, 2004년 4월 초, 드디어 하버드(Harvard), 듀크(Duke), 브라운(Brown) 등 여러 유명 대학으로부터 거의 동시에 합격 통보를 받았으나 저는 하버드대학교에 진학하기로 했습니다. 저는 이제부터 시작입니다. 믿음으로 자라났으니 말씀으로 살아갈 것입니다. 그래서 하나님께 영광 돌리는 인생을 살아갈 것입니다.

2장 믿음의 가정이 믿음의 소년을 키운다

어려운 미국생활에 적응해가는 도중에도 부모님은 우리를 위한 믿음의 기도와 신앙 훈련을 잊지 않으셨습니다. 그렇기 때문에 오늘의 제가 있기까지 저는 믿음의 부모님으로부터 가장 큰 영향을 받았다고 생각합니다.

가정과 신앙의 은혜

지금은 저희 가족이 부득불 떨어져서 살고 있습니다만, 2003년 초까지만 해도 저희는 미국 북동부의 조용하고 아름다운 펜실베이니아에서 오순도순 한 지붕 아래 살았습니다. 아버지는 미국에 오시기 전, 서울 광림교회의 부목사로 사역하셨습니다. 하지만 더 깊이 있게 신학을 공부하기 위해 미국으로 유학을 떠나오신 것입니다. 그래서 어머니와 저희 두 형제는 아버지를 따라 미국에서 새로운 생활을 시작해야 했습니다.

지난 10여 년간 다사다난했던 미국생활을 말하기 전에 먼저 제가 자라난 가정환경에 대해 말해야 할 듯합니다. 지금의 저는 제가 자라난 가정환경을 빼놓고는 결코 설명할 수 없기 때문입니다.

　누구에게나 그렇듯이 가정은 자아를 형성하고 인생관을 세우는 데 절대적인 영향력을 끼칩니다. 그러므로 가정의 리더인 부모님이 어떤 가치관과 인격을 가지고 있느냐는 무척 중요합니다. 부모님이 하나님을 올바르게 알지 못하고 세상적인 욕심만 추구하는 가치관을 가졌다면, 그 자녀는 그보다 더한 인본주의 가치관을 가지게 될 것이고, 특별히 개인적으로 은혜가 임하지 않고서는 성장하는 동안 내내 그 부모님의 가치관과 영향 아래 놓이게 될 것입니다.

　그러나 부모님이 사람의 생각보다 하나님의 말씀을 진실로 우선하며 하나님 중심으로 자녀를 교육하는 가정에서 자라난다면, 그 자녀는 결국 언젠가는 하나님의 품 안에서 하나님을 발견하며, 하나님의 사람으로 우뚝 서게 될 것입니다. 하나님의 은혜가 부모님의 믿음을 통해 자녀에게 고스란히 미치기 때문입니다.

　그런 측면에서 본다면 저는 참 행복한 사람입니다. 비록 아무것도 모르던 어린 시절부터 어머니의 무릎 위에 앉아서 배운 성경말씀이 정확히 무엇을 뜻하는지 제대로 알지 못했고, 우리 형제를 위해 기도하시는 아버지의 축복기도가 어린 저의 생각과 행동을 즉각적으로 바꿔놓은 것은 아닙니다. 그러나 분명한 것은, 믿음의 가정, 특히 목회자의 가정에서 태어나고 자라면서 저의 거의 모든 일상은 교회 주변에서 이루어졌고, 그러다보니 결국에 저는 청소년기에 개인적으로 하나님을 만났고 하나님 중심의 가치관과 믿음을 갖게 되었다는 사실입니다.

교회 개척과 맞물린 곤핍한 부모님의 신혼생활

목회자의 소명의식으로 가득 찬 아버지는 신학교를 마치고 군 복무를 끝낸 후 곧바로 대전에서 교회를 개척하셨습니다. 교회 개척은 저희 형제가 태어나기도 전에 이미 시작된 일이었습니다. 따라서 어머니의 신혼살림도 교회 개척만큼이나 힘들게 시작되었습니다. 1983년 10월 3일에 결혼하신 부모님은 이듬해인 1984년 12월에 첫아들 영환을 얻으셨고, 1986년 9월 16일에는 둘째아들인 저를 낳으셨습니다.

개척교회를 목회했기 때문에 결혼자금은 모두 개척교회 설립과 운영에 사용되었습니다. 뿐만 아니라 아버지는 서울에 있는 아세아연합신학대학원으로 공부하러 다니셨기 때문에 경제적으로 넉넉지 못한 개척교회와 가정경제를 책임지기 위해 어머니는 이모님이 운영하는 피아노학원에서 강사로 일하셨습니다. 피아노학원은 교회에서 버스를 두 번이나 갈아타야 했고 1시간이 넘게 걸리는 곳에 있었습니다. 그런데도 어머니는 저희 형제를 임신하고 계시는 동안에도 피아노 레슨을 쉬지 않으셨습니다. 심지어 형을 출산하던 날까지 피아노 레슨을 하셨다고 합니다.

집에 돌아올 무렵이면 거의 밤 10시가 되곤 하였다는 그때, 어머니는 언젠가 사모 역할을 감당하기가 부담스러웠다고 솔직히 고백하신 적도 있습니다. 하나님이 명하셔서 사모가 되었다고 생각하면서도, 생활고로 인한 책임감의 무게가 기쁨보다 더 무거웠던 것이지요. 그래서 어머니는 개척교회를 섬기는 일만 해도 힘들고, 무엇보다 아직 젊으니까 결혼한 뒤 3,4년이 지난 후에 교회가 안정을 찾으면 그때 아기를 가질 계획이었다고 합니다. 그러나 하나님은 신혼 초부터 연이어 아들 형제를 보내주셨습니다. 그 당시 부모님이 느꼈을 경제적인 부담이나 정신적인 중압감은 상당했으리라 생각합니다.

그렇게 힘겨운 상황에서 태어났지만 부모님은 힘든 만큼 기도와 찬송에 열중하셨고 저 역시 기도와 찬송 소리를 많이 듣고 자라났습니다. 저는 가정집과 예배당의 경계가 없다시피 한 개척교회에서 태어나 거기서 유아시절을 보냈습니다. 아버지와 어머니는 새벽마다 눈물로 기도하셨습니다.

연단하시는 하나님

어머니는 제게 종종 어머니가 젊었을 때 이야기를 들려주곤 하십니다. 그런데 어머니의 젊은 시절 이야기를 듣다보면 저보다 형에 관한 이야기가 더 많이 등장합니다. 아마 저보다 2년 앞서 태어난 형이 교회 개척 초기에 종종 사고를 당했기 때문인 것 같습니다. 심지어 복중에 7개월 된 형을 품고 계실 때에도 어머니는 큰일을 치를 뻔하셨습니다. 피아노학원에 다녀오시던 어느 금요일 밤, 술에 취한 사람이 어두운 내리막길을 자전거를 타고 달려오다가, 미처 어머니를 보지 못한 채 부딪치고 지나간 사고였습니다.

사고를 당하던 날, 어머니는 개척교회의 사모로서 감당해야 할 일이 너무나 힘에 부친다고 생각한 나머지 마음속에 유난히 불평이 가득했다고 합니다. 임신한 몸으로 밤 늦은 시간까지 학원에서 일하고 나서, 1시간 넘게 버스를 타고 집으로 돌아와도 가정집과 예배실이 커튼 하나만으로 나뉜 개척교회로 들어서면 숨조차 제대로 쉴 수 없을 것 같았기 때문에 마음 한편이 몹시 불편했던 것입니다.

그날 밤에도 어머니는 시장에 들러 먹거리를 산 다음에 버스를 갈아타고 집으로 돌아왔습니다. 그런데 아니나 다를까 버스 정류장 건너편으로 보이는 개척교회 2층 창문에는 아버지가 청년들을 지도하는 모습이 비쳤습니다. 금요일 밤마다 청년부 기도회가 열렸는데, 그날도 어머니가 10시 반이 넘어서 집에 도착할 즈음까지 모임이 계속되고 있었던 것입니다. 그 광경을 본 어머니는 순간 억눌러온 서운함이 북받쳐 올라 원망하는 마음을 이런 혼잣말로 중얼거렸습니다.

"늦게까지 고생하고 집에 돌아오는데, 이런 날에는 청년들을 좀 일찍 보내시지…."

늦은 시간 집에 들어가도 쉬지 못하고 뒷정리에 치다꺼리할 일이 잔뜩 남아 있다고 생각하니 순간 짜증이 밀려온 것입니다. 그렇게 교회만 바라보고 건널목을 건너 건너편 보도에 이르기 직전에 내리달은 자전거가 와서 어머니를 치었고 어머니는 그 자리에서 쓰러지고 말았습니다.

어머니를 친 것이 자동차가 아닌 것은 천만다행입니다만, 내리막길을 고속으로 내려오던 자전거와 세게 부딪친 충격은 임산부에게 이만저만한 것이 아니었습니다. 어머니는 몸이 공중으로 약간 들렸다가 귀와 머리를 시멘트 바닥에 세게 부딪히며 떨어져서 피를 흘리며 쓰러지셨다고 합니다. 마침 집 앞에 나와 있던 주인집 아저씨가 그 광경을 목격하고, 어머니를 급히 인근 병원으로 옮겼습니다. 그때 주인집 아저씨가 나와 있지 않았더라면 어두운 도로바닥에서 실신한 채 누워 있던 어머니를 다른 차가 와서 다시 치었을지도 모를 상황이었습니다.

그러나 도착한 병원에서는 늦은 시간이라 손 쓸 의사도 없고 환자의 상태가 위급하니 어서 빨리 다른 큰 병원으로 옮기라고 했습니다. 하지만 가까운 종합병원에도 응급환자들이 많았습니다. 그 사이 어머니는 구토하고 혈압이 떨어지는 등 더 이상 지체할 수 없는 상태가 되었습니다. 다시 세 번째 병원을 찾은 끝에 어머니는 간신히 치료를 받을 수 있었습니다. 길바닥으로 내동댕이쳐진 어머니의 귀에서는 그때까지 피가 흐르고 있었습니다.

치료를 받던 어머니가 가까스로 정신을 차리고 보니, 아버지는 맨발에 피 흘리는 어머니를 안고 다닌 탓에 셔츠가 온통 피투성이였다고 합니다. 어머니의 배를 감싼 임부복은 찢어져 있었습니다. 가장 큰 걱정은 뱃속에 든 태아였습니다. 잘못 되면 어찌할까 하는 걱정이 태산 같았겠지요.

의사는 다친 부위로 균이 들어가면 뇌막염이 될 것을 우려하여 임산부에게 해롭지 않을 약을 조제해주었습니다. 그러나 어머니는 본인이야 어떻게 되든 낫겠지 싶고 행여 아기가 잘못되지 않을까 염려하여 병원에서 준 약조차 먹지 않았다고 합니다. 어머니는 그 사건을 통해 하나님이 어머니를 훈련하셨다고 여기십니다.

그후 어머니는 무작정 기도하면서 출산할 때까지 남은 석 달을 보냈습니다. 임신 말기인데도 아기와 산모의 체중이 늘지 않아 걱정스러웠던 것을 빼면 형은 별 탈 없이 달수를 다 채운 다음 매우 건강하게 태어났습니다. 어머니는 아기가 건강하게 태어난 것을 하나님께 감사드렸습니다. 그후로도 형에게는 사고가 많았습니다. 형이 유난히 개구쟁이였던 탓도 있습니다만, 개척교회를 돌아보아야 하는 부모님의 형편이 그만큼 여의치 못했다는 점을 말해줍니다.

사실 어머니는 아버지가 교회를 개척하기보다 신학교 교수라든가 교회기관에서 일하기를 소원했습니다. 그렇지만 하나님의 뜻은 다른 곳에 있었습니다. 하나님은 사모로 부르신 어머니의 사명을 확고히 해주셨습니다. 때마다 연단하시는 하나님께서는, 어머니에게 하나님이 주신 자식들을 더욱 귀히 여기며 하나님의 말씀으로 양육하라고 말씀하셨습니다.

까다로운 아이

제가 태어난 후에도 상황은 전혀 나아지지 않았습니다. 그런데 흥미로운 사실은, 사건 사고를 많이 겪은 형은 성격이 까다롭지 않은 편인데 반해, 별 탈 없이 태어나고 자란 저는 어려서부터 성격이 까다로웠다는 점입니다. 형과 달리 생후 7,8개월이 될 때까지 저는 뉘어놓으면 곤히 잠드는 얌전한 아이였습니다. 그래서 어머니도 그다지 신경을 쓰지 않을 정도였다고 합니다. 하지만 돌이 지나고 유년기로 접어들면서부터 저는 무척 까다로워졌습니다. 일례로 옷에 물이 조금만 묻어 있어도 그 옷을 입으려고 하지 않을 정도였다고 합니다.

물론 지금의 저는 그 정도로 까다로운 사람은 아닙니다. 감사한 것은 저의 성격이 관계성의 문제로 왜곡되지 않고 공부하는 데 집중하는 스타일로 발전했다는 사실입니다. 저는 공부는 물론 무엇을 하더라도 대충 끝내는 법이 없이 완벽을 추구하는 성격입니다. 공부를 시작했다 하면 3시간이고 5시간이고 집중하며 방해받는 것을 싫어합니다. 저의 까다로운 성격이 집중하는 성격으로 발전한 것이지요.

어머니는 제 까다로운 성격의 연유를 이렇게 설명하십니다. 형이 태어나기 전후로 급작스런 사고가 많았을 뿐만 아니라 개척교회를 섬기는 데서 온 중압감이 둘째인 제게 고스란히 전달된 모양이라고 말입니다. 저를 임신한 동안에도 어머니의 생활이 여유롭고 행복하기만 한 것은 아니었으니까요.

부모님은 예민한 성격의 저를 좀 더 넉넉하고 좋은 품성으로 자라나도록 하기 위해 배려하셨습니다. 넉넉하지 못한 살림에도 불구하고 어항을 사다가 물고기를 길러보도록 하는 등 정서적으로 좋은 영향을 받도록 세밀히 신경을 써주셨습니다. 그런 제게 어렸을 때부터 돋보이는 특성이 있었다고 합니다. 커튼만으로 구분해놓은 방과 부엌 사이에는 문턱이 없기 때문에 아기들도 유모차를 타고 이 방 저 방 왔다 갔다 할 수 있었습니다. 그러던 어느 날, 전기밥솥에서 김이 나오는 것을 보고 신기하게 여긴 제가 손을 뻗었다가 뜨거운 김에 물집이 생길 정도로 손가락을 데이는 일이 있었습니다. 그런데 며칠이 지나서 손가락이 다 나은 후에 보니 전기밥솥 옆으로 다가갈 때는 옷소매를 내려서 옷으로 손을 보호하더라는 것이지요. 예민한 성격이 남다르게 빠른 상황 판단과 적응력을 키운 면도 없지 않았나봅니다.

우리 가족의 서울생활

아버지는 7년간 심혈을 기울이신 개척교회를 후임 목사님께 위임하고 서울로 올라오셨습니다. 원래 유학 차 미국에 가려고 비자를 신청해두고 있었는데, 기대와 달리 비자가 곧바로 나오지 않아 우리 가족은 이러지도 저러지도 못하는 곤란한 처지가 되고 말았습니다.

그래서 부모님은 진로를 결정하기 위해 40일간 특별 새벽기도를 드렸습니다. 그러던 중 광림교회의 부목사로 부임할 수 있도록 초빙을 받으셨습니다. 부모님은 유학과 부목사 부임이라는 두 가지 진로를 놓고 기도하다가 작정한 40일 기도를 끝낸 다음 어디서 먼저 연락이 오는지 보고 판단하기로 결정하셨습니다. 하나님의 결정을 기다리기로 한 것입니다. 그런데 40일 새벽기도가 끝날 무렵, 광림교회에서 먼저 연락이 왔습니다. '하나님께서 이왕이면 미국에 가기 전에 큰 교회에서 목회를 배우고 가라고 하시는가보다!' 라고 하나님의 뜻을 헤아린 아버지와 함께 우리 가족은 서울에 정착하게 되었습니다.

저는 일찍부터 선교원에 다니고 있었습니다. 대전에서 살 때 개척교회를 하시느라 바쁜 부모님이 저를 일찌감치 선교원에 보낸 것입니다. 너무 어려서부터 선교원에 다녔기 때문에 저는 항상 큰 아이들로부터 괴롭힘을 당했습니다. 그래서 유난히 선교원에 가기 싫어했던 것으로 기억합니다. 그러나 서울에서 생활하던 1년간 광림교회의 유치원 생활은 제게 많은 추억을 만들어주었습니다.

게다가 초등학교에 들어가기 전, 형과 저는 한동안 강화도에 사시는 할아버지 댁에서 생활하기도 했습니다. 연년생 형제를 한꺼번에 키우는 것이 힘에 부쳤던 부모님이 학교 교사셨던 할아버지께 저희를 맡기신 것입니다. 형이 네다섯 살이 되던 무렵에는 할아버지를 따라 학교에 다니기도 했다고 합니다. 덕분에 형은 일찍 글을 깨우쳤습니다. 그 후로도 형과 저는 가끔씩 할아버지 댁에서 몇 달간 지내곤 했습니다.

제가 기억하는 한국은 학교에 들어가기 전부터 글을 깨우쳐야 했던 것 같습니다. 아버지는 저를 안고 누워서 벽에 걸린 시계나 달력을 손가락으로 가리키며 숫자나 글자를 가르치기도 하셨지만 저는 형에 비하면 글을 깨우치는 속도가 굉장히 늦은 편이었습니다. 글씨는커녕 무엇을 가르치려고 해도 학교에 들어가기 전까지 제대로 따라잡지 못했다고 합니다. 그래서 부모님은 속으로 '하나님이 인환이에게는 공부의 달란트를 주지 않으셨나보다'라고 생각할 정도였다고 합니다. 그런 제가 초등학교 1학년이었을 때, 63빌딩으로 견학을 갔다 온 후 짧은 소감문을 쓴 적이 있었는데 그 글을 본 선생님이 매우 잘 썼다고 제게 상을 주셨습니다. 제 경우를 비춰보아도 유아기에 글을 깨우치는 시기가 조금 늦더라도 크게 염려할 일은 아니라고 생각합니다.

예민하던 성격이 철저한 성격으로

어려서부터 예민했던 성격은 제가 초등학교에 진학하고 나서부터 스스로 준비물을 챙길 줄 아는 꼼꼼함으로 발전했습니다. 무엇이든 스스로 좀 더 철저히 챙기고 확인하지 않으면 직성이 풀리지 않는 성격이 된 것입니다. 하루는 이런 일이 있었습니다. 대개 초등학교 1학년생이라면 엄마가 준비물을 챙겨주게 마련입니다. 하지만 엄마가 바쁘시다는 것을 아는 저는 준비물을 잊어버리지 않으려고 가방 어깨끈에 그 다음날 학교에 가져가야 할 준비물을 메모하여 붙여두곤 했습니다. 스스로 잊어버리지 않겠다고 생각했기 때문입니다. 또 엄마도 잊지 않도록 같은 내용의 메모를 식탁에 붙여두었습니다. 지나치다 싶을 만큼 꼼꼼한 성격이 초등학교 1학년생으로서는 어울리지 않는 행동까지 낳은 것입니다.

이처럼 저는 어릴 때부터 무엇을 하든지 철저히 하려고 준비하는 편이었습니다. 그렇기 때문에 SAT를 대비하며 영어공부를 할 때에도 단어 하나라도 대충 넘어가지 않고 완벽하게 암기하고, 미리 예습하고 스스로 공부하는 습관을 터득하게 되었다고 생각합니다.

하지만 처음 미국에 왔을 때에는 그런 성격도 별다른 도움이 되지 못했습니다. 외국 문화란 그만큼 사람을 힘겹게 하는 것입니다. 더욱이 그때는 제가 너무 어렸습니다. 부모님의 손을 잡고 처음 미국에 왔을 때는 정말이지 아무것도 모르는 철부지에 불과했으니까요. 미국생활은 모든 것이 낯설고 신기했습니다. 재미있는 일도 많았습니다. 하지만 그만큼 힘든 일도 많았습니다. 나이 어린 제가 가장 힘들게 느낀 점은 역시 영어를 한마디도 할 줄 모른다는 사실이었습니다.

한국에서 초등학교 1학년을 거의 마칠 즈음 미국에 갔지만, 미국의 학제는 한국과 달랐습니다. 대개 가을에 첫 학기가 시작되므로 저는 미국에 가자마자 6개월이나 빨리 초등학교 2학년 과정에 편입되었습니다. 더욱이 제가 들어간 학교는 아무도 한국말을 하지 않는 미국인 공립학교였습니다. 저는 너무나 긴장한 탓에 수업시간에도 우두커니 선생님만 쳐다보고 있거나 무표정하게 앉아 있기만 했습니다.

아이들은 동양에서 온 조그만 아이라고 얕잡아 보며 저를 '왕따' 시켰습니다. 초등학생으로서 처음 몇 년간 저는 힘겨운 나날을 보내야만 했습니다. 하지만 저와 제 가족은 힘든 상황을 극복하며 미국생활에 차츰 적응해나가기 시작했고 초등학교 4년, 중학교 3년, 그리고 고등학교 4년의 기간 동안 하나님의 은혜로 미국의 공립학교를 다니며 공부에 전념할 수 있었습니다. 모든 과정을 극복할 수 있었던 힘은, "하나님의 영광을 위해 공부한다"라는 부모님의 가르침이었습니다.

인생의 목적부터 가르치신 부모님

목회자 부부인 아버지와 어머니는 우리 형제를 어려서부터 말씀과 기도로 교육해오셨습니다. 특히 "하나님께 영광 돌리는 삶을 살라!"라는 말은 제가 어느 정도 철이 든 다음부터 부모님으로부터 귀에 못이 박히도록 들어온 말입니다.

하지만 어렸을 때는 배운 대로 살지 못했습니다. 다만 그런 가르침과 환경 속에서 자라나다보니 10대 중반 하나님을 만나게 되었지요. 그때부터 하나님께서 저의 생각과 뜻을 주관하시기 시작하자 그간의 부모님의 가르침이 더욱 선명하고 의미 있게 다가오기 시작했습니다.

부모님은 제게 하나님께 영광 돌리는 삶을 살 것과 더불어서 공부해서 남 주는 사람이 되라고 가르치셨습니다. 많은 부모님들이 자기 자녀에게 "공부해서 남 주냐?"라고 말하며 공부하라고 다그치기 일쑤입니다. 그런데 만약 제 부모님이 이렇게 말씀하셨다면 저는 어땠을까요? 저는 강한 거부감을 느껴서 결코 열심히 공부하겠다는 마음을 먹지 않았을 것 같습니다. 그러나 부모님은 제게 "공부해서 남 주라"라고 가르치셨고, "이왕이면 공부 잘해서 하나님께 영광을 돌리는 사람이 되라"라고 가르치셨습니다.

저는 개인적으로 하나님을 만나면서 부모님의 말씀이 옳다는 생각을 하게 되었습니다. 개인적으로 하나님을 만나고 내 인생의 중심에 하나님이 계심을 깨닫게 된 일은 제 공부에도 긍정적인 영향력을 끼치기 시작했습니다. 구체적인 공부 목적 또한 "하나님의 영광을 위해서"라고 정하게 되었습니다. 고등학교에 올라와서 미국 대학 입학시험인 SAT를 준비하는 2년 동안 제 머릿속에서는 "나는 하나님의 영광을 위해 공부한다"라는 생각이 떠나지 않았습니다. 그런 저이기에 SAT 만점을 확인하자마자 영어로 이렇게 기도드린 것입니다.

"Father, take all the glory because I know it's not from what I've done but from your graciousness."

이 기도를 번역하면 이런 뜻이 되겠지요.

"하나님 아버지, 모든 영광을 받으소서! 이것(SAT 만점을 받은 것)은 제가 한 일이 아니라 하나님의 은총 때문이라는 것을 제가 알기 때문입니다."

그렇습니다. 만점의 영광은 제가 잘나서 얻은 것이 아닙니다. 저는 그것을 잘 압니다. 하나님이 지혜와 총명의 은혜를 주지 않으셨다면 미국 땅에 건너온 지 10년도 안 된 깡마른 한국 소년이 그 많은 미국 학생들 틈바구니에서 이런 점수를 받을 수 없었을 것입니다. 저는 1,600점이라는 점수를 확인하는 즉시, 그 점수가 바로 하나님이 주신 선물이라는 것을 알았습니다. SAT 시험을 보고 난 다음에도, 하버드대학교 진학을 준비하면서 저는 계속해서 이 기도를 반복했습니다.

SAT 만점과 하버드대학교 합격의 결과는 저에게 기적이나 다름없습니다. 물론 저도 열심히 공부했습니다. 그렇지만 이 결과가 단순히 제 실력 때문만은 아닙니다. 하나님이 저를 쓰시려고 복 주신 결과입니다. 저의 공부가 하나님과 이웃을 섬기기 위한 도구로 쓰여지기 위해서 하나님께서 제게 큰 복을 주신 것이라고 생각합니다. 하나님이 제게 너무나 큰 복을 주셔서 그런 결과를 얻게 되었다는 것을 잘 알기 때문에 저 역시 모든 영광을 하나님께 올려드리는 기도를 할 수 있었던 것입니다. 저는 SAT 만점을 받은 영광을 하나님께 올려드리는 기

합격 통지를 받은 후 하버드대학교 탐방을 갔을 때 중앙도서관 앞에서.

도를 드리면서, 동시에 제가 이 일로 교만해지지 않으며 더욱 겸손한 마음을 갖게 해달라는 기도를 빼놓지 않았습니다.

저는 비교적 오랫동안 시험을 준비해왔습니다. 그렇기 때문에 첫 번째 SAT 시험을 치르고 난 후에도, 두 번째 SAT 시험에서 더 좋은 점수 받기를 소망하는 기도를 드렸습니다. 첫 번째 시험 결과 1,520점이 나온 것도 감사했지만, 마음 한구석에서 시험 점수에 대한 기대치가 높아졌습니다. 그래서 두 번째 SAT 시험을 준비하면서, 이왕이면 만점을 받아서 하나님의 영광을 위해 쓰임 받게 해달라고 기도했습니다.

처음 SAT 시험을 볼 때나 두 번째 SAT 시험을 볼 때, 저는 제 실력이 특별히 크게 달라졌다고 생각하지 않습니다. 따라서 두 번째 시험에서 얻은 1,600점이라는 점수는 제 실력 때문이라기보다 하나님이 저를 통해 영광을 받으시려고 제게 주신 점수라는 생각이 더 강하게 들었습니다.

제가 공부에 대해 하나님께 영광을 돌리는 마음자세를 갖게 된 배경은 분명히 제가 받은 철저한 가정교육에 있습니다. 미국생활을 하면서 우리 가족이 겪은 어려움은 한국에서 겪은 일만큼이나 많았습니다. 그러나 어려운 미국생활에 적응해가는 도중에도 부모님은 우리를 위한 믿음의 기도와 신앙 훈련을 잊지 않으셨습니다. 그렇기 때문에 오늘의 제가 있기까지 저는 믿음의 부모님으로부터 가장 큰 영향을 받았다고 생각합니다.

3장 부모님은 나의 가정교사이셨다

제가 어릴 때 뵌 아버지는 항상 도서관에 가시거나 거의 책을 들고 공부하시는 모습이었습니다. 어머니도 제가 독서와 공부에 관심을 가질 수 있도록 언제나 책과 잡지를 많이 보여주셨습니다. 두 분 부모님 덕에 공부하는 습관도 자연스럽게 터득했다고 생각합니다.

미국에도 왕따는 있다

저와 제 가족이 처음부터 쉽게 미국생활에 적응해나갔던 것은 아닙니다. 무슨 일이든 그렇겠지만 미국생활 초기에는 크고 작은 어려움이 많았습니다. 부모님 역시 유학을 와서 보니 난감하고 힘들고 답답한 일이 한두 가지가 아니었다고 합니다. 처음에 부모님은 형과 저에게 힘들지만 6개월만 참아보자고 말씀하셨습니다. 하지만 그 당시 제가 너무 어려서 그랬는지는 몰라도 6개월이 지난 후에도 힘들고 어렵기는 마찬가지라는 생각이 들었습니다. 내성적인 저는 말도 안 통하는 아이들 틈에서 학교생활 하면서 속상한 일이 많았습니다.

친구들과 놀이터에서 같이 놀기도 하고 술래잡기도 같이 하고 싶었지만 제 입에서는 같이 놀자는 말이 나오지 않았습니다. 그들은 친구를 이해하기보다 그냥 무시해버렸습니다. 그 아이들에게 먼 나라에서 온 이방인을 따뜻하게 감싸주기를 기대하는 일은 무리이지요. 그들 역시 너무나 미숙한 철부지에 지나지 않았으니까요. 한국식으로 말해서 저는 줄곧 왕따를 당했습니다. 제가 동양인이어서 더더욱 그랬던 것 같습니다.

왕따의 주된 원인은 역시 제가 영어를 못한다는 데 있었습니다. 교실에서 미국 아이들과 함께 수업을 들을 때는 처음부터 무슨 말인지 도무지 알아들을 수가 없었습니다. 다행히 하루 1시간씩 방과 후에 별도로 세계 각지에서 이민을 온 아이들에게 영어를 가르쳐주는 특별수업시간이 있었는데 제게는 그 시간이 매우 유익했습니다. 그 반에는 세계 여러 나라에서 처음 미국으로 온 아이들이 모여서 영어를 공부했습니다. 그 반을 지도하시는 선생님은 매우 친절한 분이었습니다.

저는 차츰 두각을 나타내기 시작했고 자신감도 갖게 되어 학급에서 어려운 과목을 공부해도 따라갈 수 있을 정도의 실력이 되었습니다. 그렇게 1년이 지나고 3학년으로 올라갈 무렵부터는 공부에 좀 더 자신이 붙기 시작했고 영어 실력도 자연스럽게 늘었습니다.

제가 영어를 못 알아듣는다고 생각한 아이들이 뒤에서 바보라며 놀려댈 때 처음에는 저도 속이 상했습니다. 하지만 계속해서 모르는 척하면 제풀에 흥미를 잃고 그만둔다는 것을 알게 되어 아이들이 무슨 말로 저를 놀리는지 다 알아듣지만 그냥 모르는 척하기로 했습니다.

포레스트 검프처럼

그러나 미국생활 초기에는 왕따 당하는 것이 두려워서 일부러 스쿨버스도 타지 않았습니다. 스쿨버스에 분명히 빈자리가 있는데도 아이들은 저희 형제가 그 자리에 앉지 못하도록 했기 때문입니다. '포레스트 검프'(Forest Gump)라는 영화에 보면 주인공이 빈자리에 앉으려고 하면 아이들이 앉지 못하도록 방해하는 장면이 나오는데 제 경우가 꼭 그랬습니다. 버스를 탔지만 아이들이 자리에 앉지 못하게 하는 바람에 계속해서 뒷줄 빈자리로 움직이는 저희 형제 때문에 한동안 버스가 출발하지 못하는 일도 많았습니다. 그 모습을 보다 못한 버스 운전기사가 저희를 불러다가 기사 바로 옆에 있는 첫 좌석에 형과 저를 앉도록 한 일도 있습니다.

무료한 버스 안에서 아이들은 장난삼아 외국에서 온 이방 소년을 괴롭혔습니다. 툭툭 치면서 놀리는 일은 대수도 아닙니다. 눈이 작아 이상하다고 말하거나, 인도 아이를 발길로 걷어차며 옆자리에 못 앉게 하는 여자아이도 있었습니다. 어린 나이에 목격한 인종 차별은 제게 견디기 힘든 충격이었습니다. 하루 이틀도 아니고 매일 타야 하는 스쿨버스에서 그런 일을 겪다보니 스쿨버스를 타는 일이 제게는 고역이었습니다. 저는 그런 아이들 곁에는 아예 갈 엄두도 내지 못했습니다. 때로는 스쿨버스 타기가 무서워 일부러 버스를 타지 않는 날도 있었습니다. 그렇게 버스를 놓치고 길가에 서 있으면 뒤늦게 저를 발견한 아버지가 저를 학교까지 데려다주시곤 했습니다.

보통 초등학교 혹은 중학교 때까지는 아이들이 말도 함부로 하고 나쁜 행동도 거침없이 일삼는 경향이 있습니다. 그러나 고등학생 정도가 되면 아무리 좋지 않은 학생이라도 최소한 말이라도 함부로 내뱉지는 않습니다. 하지만 그렇게 멋모르는 말이나 행동 때문에 당하는 아이들은 큰 상처를 입고 맙니다.

부모님이나 교인들까지 이런 저의 형편을 알게 된 어느 날, 어린 저를 안쓰럽게 본 어느 교인이 제게 이렇게 조언해주셨습니다. 미국 아이들은 한국 아이들이 대부분 태권도를 잘한다고 알고 있으니까 태권도 하는 흉내를 내보라는 것이었습니다. 태권도를 하는 폼으로 겁을 주면 다시는 괴롭히지 않을 거라면서요. 처음 그 말을 들을 때는 저도 대수롭지 않게 들었습니다.

그러던 어느 날 저는 학교 놀이터에서 놀고 있는 아이들과 함께 놀고 싶어져서 그들에게 다가갔습니다. 아이들은 대부분 제게 별 관심을 보이지 않았습니다. 그런데 그중 어떤 아이가 노골적으로 저를 거부했습니다. 그때 상황이 정확히 기억나지는 않습니다. 아마 저를 놀려대는 아이들 틈에서 다투다가 제가 다리를 뻗어 우연히 몸을 일으키는 상대 아이의 입을 친 모양입니다. 거꾸로 말하면 긴장하여 딱딱해진 제 다리에 아이가 입을 부딪친 것입니다. 고의는 아니었지만 그만 그 아이의 이가 부러지고 말았습니다.

너무나 순식간에 일어난 일이었습니다. 다행히 영어 보충수업을 지도해주시던 선생님이 잘 변호해주시어 문제가 커지지 않고 무난히 해결되었습니다. 어쨌든 그 일이 있고 난 뒤 저는 태권도를 잘하는 아이로 소문이 났고 저를 괴롭히는 아이들도 한결 줄어들게 되었습니다. 하지만 비단 따돌림이나 괴롭힘만 문제가 되었던 것은 아닙니다. 그런 일 못지않게 어린 저를 힘들게 하는 일이 대단히 많았습니다.

혹시 자폐아?

초등학교에 입학하고 나서 얼마 되지 않아 담임선생님으로부터 전화가 걸려왔습니다. 선생님은 부모님이 학교로 한 번 나오시면 좋겠다고 말했습니다. 어머니를 만난 담임선생님은 조심스레 이렇게 말하더랍니다.

"인환이가 정신적으로 이상해 보입니다."

한마디로 정상아 같지 않다는 말이었습니다. 다른 아이들은 수업시간에 장난도 치고 엉뚱한 짓도 하는데, 유독 저만 꼼짝도 하지 않고 앉아 있기만 하니 이상하다는 말이었습니다.

하지만 저에게는 나름대로 이유가 있었습니다. 저는 한국에서 1년 동안 초등학교를 다니다가 미국에 왔습니다. 그렇기 때문에 어느새 한국의 학교 문화에 익숙해져 있었습니다. 한국에서는 수업시간에 초등학교 1학년이라고 해도 꼼짝 않고 가만히 앉아 선생님과 칠판만 바라보아야 한다고 배웠기 때문입니다. 그런데 미국의 학교 교실에서 아이들은 놀랄 만큼 자연스럽게 행동합니다. 그런 자유분방한 아이들 틈에 말도 못하고 꼼짝 없이 앉아 있는 동양 아이라니 얼마나 눈에 띄게 이상해 보였을지 짐작이 가는 일이지요.

별도로 영어 보충수업을 받아야 하는 실력인 저에게 영어로만 진행되는 수업시간이 즐거울 리 없지요. 말을 제대로 못 알아들으니 가만히 앉아 있을 수밖에 달리 방법도 없었습니다. 게다가 한국에서 배운 대로 부동자세로 앉아 전혀 웃지 않는 제 모습은 선생님의 오해를 살 만했습니다. 선생님은 저를 내심 자폐아가 아닌가 하고 걱정한 모양입니다.

어머니는 선생님이 어떤 점을 이상하게 생각했는지 이해하고 일일이 해명하셨습니다. 저는 집에 돌아가면 학교에서 어떤 일이 있었는지 어머니에게 소상히 말하는 편입니다. 제가 스쿨버스를 탔다가 왕따를 당한 일도, 교실에서 놀림 받는 일도 일일이 부모님과 상의해왔습니다. 제가 그런 말을 할 사람이 달리 또 어디 있겠습니까? 그러면 어머니는 제 말을 끝까지 들어주시고 제가 오해한 부분이 있다고 생각되면 '꼭 그런 것은 아닐 거야' 라고 다독거려주시곤 했습니다. 그만큼 가정에서 자녀와 부모 사이에 이루어지는 대화는 너무나 중요합니다.

나는 누구인가?

미국생활 초기부터 저는 저의 진정한 자아상이 어떤 것일까 하는 고민에 빠졌습니다.

하루는 화장실 거울에 비친 제 얼굴을 한참 동안 뚫어져라 쳐다본 적이 있었습니다. 제 외모가 다른 백인 아이들과 너무나 다르다는 것을 새삼스럽게 깨닫게 되었기 때문입니다. 제 얼굴을 보면서 정체성의 혼동을 느끼는 이유는 제가 어린 나이에 부모님을 따라 미국으로 건너온 1.5세이기 때문일 겁니다. 제가 다른 아이들과 다르게 생겼다는 사실, 아이들이 저를 아시안(동양인)이라고 놀리는 이유가 바로 저의 외모 때문이라는 것을 객관적인 사실로 인정한다는 것이 어린 저로서는 몹시 어려운 일이었습니다. '아, 아이들이 이래서 나를 놀렸구나!' 라는 생각이 들자 갑자기 마음이 서글퍼졌습니다.

어릴 때는 거울을 보고 있어도 자기를 객관적으로 바라보기 어렵습니다. 자신의 이미지를 스스로 바라보지 못하기 때문입니다. 화장실에서 제 얼굴을 뚫어지게 비춰보기 전까지 저는 제가 다른 아이들과 그토록 다르다는 생각을 하지 못하고 있었습니다. 제 모습이 백인 친구들과 얼마나 다른지 깨닫고 저는 충격으로 거의 울 뻔했습니다. 제 외모 때문에 그들과 어울리지 못한다고 생각하니 서러움이 밀려들었습니다. 지금 생각해보니 저는 아마도 친구들이 제 외모에 대해 갖는 편견보다 더 심한 콤플렉스를 스스로 느끼고 있었던 모양입니다.

백인 친구들, 미국 사람들과 하루 종일 생활하다보면 어느새 나도 그들과 똑같다는 착각 속에 자기 얼굴을 잊고 살아갔는지 모릅니다. 심지어 제 얼굴이 기억나지 않았는지 모릅니다. 그러던 어느 날 거울에 비춰본 제 모습이 옆에 서 있는 백인아이들과 비교하여 확연히 달랐을 때, 그것이 나의 모습임을 깨달았을 때 순간적으로 이 얼굴이 정말 나의 모습일까 하고 놀라는 것입니다. 지금은 웃으면서 말할 수 있지만 그 당시 제가 느낀 충격은 어마어마한 것이었습니다. 심지어 하나님께 하소연하고 싶은 마음까지 들었습니다. 낙담한 저는 집안에 마련되어 있는 기도실로 들어가 기도하기 시작했습니다.

우리 가족의 기도실

우리 가족이 미국에서 처음 살게 된 집은 침실이 하나뿐인 작은 원룸 아파트였습니다. 그런데도 미국식이라 그런지 옷을 보관할 수 있는 작은 공간이 몇 군데 있었습니다. 미국 사람들은 그런 작은방을 클로젯(closet)이라고 부르는데, 부모님은 그 작은 방 하나에 옷걸이 하나 놓아두지 않으시고, 벽에 십자가를 걸고 바닥에 방석을 깔아 기도실로 꾸며놓으셨습니다.

저는 힘든 일을 겪을 때마다 그 기도실에 들어가 기도했습니다. 그런데 기도를 하다보면 어린 제가 힘들다고 느낀 일들도, 부모님이 겪는 경제적이고 정신적이고 영적인 고통에 비하면 아무것도 아니라는 생각이 들곤 했습니다. 기도실에서 부모님이 간절히 기도하는 모습을 볼 때마다 저도 따라 눈물 흘리며 기도했습니다. 가정예배를 드리거나 서로 이야기를 나누다가도 제게 기도해야 할 문제가 있다고 생각되면 어머니는 저를 곧장 기도실로 들어가도록 하셨습니다.

저는 기도할 때마다 울곤 했습니다. 그렇게 기도하고 나면 하나님의 위로를 마음속 깊이 느낄 수 있었고 믿음이 자라나는 것을 느낄 수 있었습니다. 형과 저는 그렇게 기도훈련을 받으며 부모님이 심어주신 신앙을 정성껏 뿌리내리게 되었다고 생각합니다.

제가 기도실에서 처음 드린 기도는 단순했습니다. "영어를 잘하게 해주세요"라는 것입니다. 영어만 잘할 수 있게 된다면 학교에서 왕따 당하는 문제도 해결되고 친구들과의 관계도 문제없을 것 같고 공부도 잘할 수 있으리라 생각했기 때문입니다.

두 번째 기도제목은 아버지가 멀리 미국까지 공부하러 오셨는데 부모님 두 분 모두 많이 힘들지 않도록 도와달라는 부모님을 위한 기도입니다.

세 번째는 우리 가족 모두의 안녕을 위한 기도였습니다. 그때 저의 기도제목을 요약해본다면 대체로 미국에서 잘 적응할 수 있도록 해달라는 것과 어려운 형편을 극복하게 해달라는 것이었습니다.

부모님은 그때 미국에서 1년가량 지낼 수 있는 재정을 준비해가지고 유학길에 나섰다고 합니다. 하지만 별다른 수입이 없는 상태이고 보니 불안하고 힘든 나날이 이어졌습니다. 어느덧 1년이 흘렀습니다. 그런데 한 이민 교회에서 아버지에게 담임목회를 제안해오셨습니다. 아버지가 미국으로 유학을 올 당시 계획으로는 가능한 한 빨리 공부를 마치고 한국으로 돌아가는 것이었습니다. 그러나 그 교회의 요청은 간절했습니다. 하나님의 또 다른 계획과 섭리를 알고자 기도하시던 아버지 역시 그 교회의 목회를 수락하게 되었고 그후 우리 가족은 9년이 넘는 기간 동안 미국에서 생활하게 되었습니다.

우리 가족이 교회 사택으로 이사하고 아버지가 그 교회 목회를 시작하신 다음부터 형과 저는 훨씬 빨리 안정을 찾아갔습니다. 그곳은 제가 초등학교와 중고등학교를 다닌 아름다운 도시 필라델피아 근교입니다.

도서관의 진정한 가치

우리 가족이 미국에 도착한 날은 1994년 1월 5일이었습니다. 그때 미국에서는 뉴스마다 몇 십 년 만에 내린 폭설이라며 난리법석을 피울 만큼 많은 눈이 내리고 있었습니다. 저희 가족도 학교에 입학 신청을 내러 가지 못한 채 거의 보름 정도 꼼짝없이 집안에만 있게 되었습니다. 학교뿐만이 아니었습니다. 모든 길이 다 불통이었습니다.

그 와중에도 어머니는 도서관에 자료조사도 할 겸 공부하러 가시는 아버지를 따라 눈길을 헤치고 저와 제 형을 도서관으로 데려가셨습니다. 아버지는 방학 중에도 자주 도서관에 가셨습니다. 우리 형제는 어머니와 함께 아버지를 따라가서 아버지가 공부하시는 동안 책을 보았습니다. 도서관은 부모님의 지도 다음으로 제가 공부하는 습관을 갖게 되는 데 결정적인 영향을 미친 장소입니다.

특별히 미국의 초등학생들은 방학 기간 중 그다지 할 일이 많지 않습니다. 어머니는 그렇게 여유로운 방학 기간 동안 우리에게 책을 많이 읽도록 지도하셨습니다. 뿐만 아니라 영어공부에 박차를 가할 수 있는 절호의 시기라고 생각하신 모양입니다. 어머니는 저희 형제에게 영어공부를 제대로 시키기로 마음먹었습니다. 도서관에서는 어떤 책이든지 한 번에 10권까지 빌릴 수 있었습니다. 처음에는 어머니가 책을 골라 오셨습니다. 하지만 어머니가 미처 신경을 쓰지 못하는 날에는 제 마음대로 제가 보고 싶은 책을 골라오기 시작했습니다.

저는 단어가 거의 없는 동물 그림책을 선호했습니다. 동물 그림책에는 글보다 그림이나 사진이 많아 책에 흥미를 붙이는 데는 그만이었습니다. 어머니는 글이 많은 책을 읽기 원하셨던 반면 저는 쉬운 동물 그림책만 골라 읽곤 했습니다. 하지만 결과적으로 제가 독서하는 습관을 붙이는 데는 정확한 단어를 배울 수 있었던 쉬운 그림책을 먼저 본 것이 더 유익했다고 생각합니다.

별것 아닌 것 같아도 이때의 독서 훈련이 좀 더 자라서 철저하게 단어를 외우고 완벽한 공부를 추구하도록 한 기초 훈련이 되었다고 생각합니다. SAT 시험을 치를 때는 단어의 뜻을 정확히 알아야 합니다. 기초적인 독서 훈련을 통해 단어를 정확히 익혀둔 것은 제게 큰 도움이 되었습니다. 그림(이미지)과 단어가 동시에 연상되면 그 단어와 뜻은 결코 잊혀지지 않게 됩니다. 그 원리에 따라 훗날 영어 단어를 외울 때에도 그냥 머릿속으로만 암기하는 것이 아니라, 노트에 수십 번 이상 반복하여 써가면서 눈으로 보고 외웠습니다. 그러면 시각적으로 단어를 기억하게 되어 암기하는 데 큰 도움이 되기 때문입니다.

　도서관은 생활비가 넉넉하지 않은 유학생 가족에게 남달리 '시원한 혜택'을 선사하기도 했습니다. 한 학기가 지나고 여름방학이 시작되면서 힘들었던 학교생활도 끝이 났습니다. 미국 필라델피아의 여름은 의외로 덥습니다. 낮에 에어컨을 틀지 않으면 집안에서 생활하기가 무척 어려울 정도입니다. 아파트마다 에어컨이 있기는 하지만 우리 집은 덥다고 마음대로 에어컨을 켤 형편이 아니었습니다. 하루 종일 에어컨을 틀 경우 그 달치 전기요금에 100불에서 200불 이상 추가되기 때문이지요. 그런 돈은 가난한 유학생 가정에서는 감당하기 힘든 큰돈입니다. 그런데 마을 도서관은 언제나 에어컨을 가동하고 있습니다. 하루 종일 있어도 누구 하나 뭐라고 하는 사람 없고 책도 마음껏 볼 수 있습니다. 게다가 저희가 살던 집에서 도서관까지는 그다지 멀지도 않았습니다. 자동차를 타고 간다면 2,3분 걸리고 걸어가더라도 10분이면 갈 수 있었습니다. 저희 가족에게는 도서관에 가는 일이 일상이 되었습니다.

　도서관에서 시간을 보내는 일은 우리 가족에게 또 다른 유익을 안겨 주었습니다. 가족끼리 함께 어울릴 수 있는 시간을 충분히 가질 수 있다는 것이 그것입니다. 평상시에는 도서관에 가시는 아버지를 따라, 아버지가 바쁘실 때는 어머니를 따라 도서관에 갔습니다. 아버지와 함께 책을 읽다가 지루해지면 도서관 앞에 있는 농구장에서 농구도 하고 허기가 지면 길거리 편의점으로 들어가 핫도그를 하나씩 사먹으며 점심을 해결하곤 했습니다. 그해 여름에는 그렇게 도서관을 이용하여 영어공부도 하고 아파트 전기료도 절약하는 등 일석이조의 유익을 누렸습니다.

오리지널 영어 비디오의 효과

도서관에서는 어린이를 위한 만화영화 비디오테이프도 빌려주었는데, 그 무렵 전 세계적으로 만화영화 '라이온킹'이 유행하고 있었습니다. 그 만화영화 비디오테이프는 미국에서 제작된 것으로 당연히 한글 자막이나 한국어 더빙이 되어 있지 않습니다. 또 영어 자막이 있는 것도 아닙니다. 어머니는 저희 형제를 위해 그런 만화영화나 어린이가 볼 수 있는 건전한 영화 비디오를 많이 빌려오셨습니다. 미국에 도착한 첫 해에 저희 형제에게는 마땅한 친구도 없었고, 도착할 당시 춥고 폭설이 쌓인 한겨울인지라 나가 놀 수도 없었습니다. 결국 저희 형제는 자막조차 없어서 순전히 영어로 듣고 이해해야 하는 비디오를 집안에 틀어박혀 하루 종일 시청하곤 했습니다.

지금은 한국에서도 만화영화 비디오가 흔하지만 제가 부모님을 따라 미국에 간 90년대 중반만 하더라도 서울에서는 아직 만화영화 비디오가 흔치 않을 때였습니다. 그러니까 미국에 와서 만화영화를 실컷 볼 수 있다는 사실이 형과 저로서는 너무나 신나는 일이었지요. 결과적으로 이 비디오가 영어에 친숙해지는 데도 많은 도움이 되었습니다. 우리는 만화영화 비디오를 몇 번이고 반복해서 보았습니다. 나중에는 뜻도 모르면서 영어로 노래까지 따라 불렀습니다. 어머니는 그림책과 비디오를 통해서 가급적 빠른 시간 안에 우리가 영어에 익숙해지도록 도와주셨습니다.

청소년기에 미국으로 이민 혹은 유학을 온 분들 중에는 미국생활 초기에 얼마간 하루 종일 방안에서 텔레비전만 보았다는 분들이 꽤 많습니다. 그렇게 온종일 텔레비전을 보면서 외로움을 달래기도 하고 복잡한 생각을 단순하게 정리하기도 합니다. 하지만 가장 중요한 것은 실제로 영어를 듣고 말하는 훈련 효과를 얻을 수 있다는 점입니다. 텔레비전 뉴스 프로그램을 진행하는 앵커는 가장 정확한 발음을 구사하는 사람으로 그들의 발음을 참고하면 정확한 표준 영어를 구사하는 데 많은 도움이 됩니다. 또한 쇼 프로그램이나 드라마 역시 일상적인 생활 영어 표현을 배우는 데 도움이 됩니다. 즉, 교과서에 나오지 않는 실생활 영어를 배우는 데 효과적이라는 말입니다. 무슨 뜻인지 전부 이해하지는 못하더라도, 그냥 듣다보면 어느 순간 저절로 귀가 열리고 저절로 말문이 열리게 되는 효과가 있습니다.

실제로 그 방법이 효과적이라는 것을 확인할 수 있는 사건이 일어났습니다. 미국에 온 지 한두 달쯤 되었을 때 일입니다. 교우 한 분이 집으로 전화를 걸어왔습니다. 어머니와 통화를 하기 위해 전화를 거신 모양인데 저희가 먼저 영어로 전화를 받자 깜짝 놀라셨다고 합니다. 수화기를 건네받은 어머니에게 누가 영어로 말했는지 묻고 아이들이라고 하니까 미국에 온 지 몇 달이나 됐다고 그렇게 영어를 잘하느냐고 대단히 놀랍다는 말씀 일색이셨습니다.

하루에 단어 10개씩!

저희 형제는 영어로 된 만화영화 비디오를 집중적으로 본 효과를 톡톡히 보았습니다. 오락거리 삼아 빌려본 비디오 영화를 통해 저와 제

형이 빠르게 영어와 친숙해진 것은 사실입니다. 그후 영어를 이해하고 받아들이는 속도가 점점 빨라진 저는 미국에 간 지 2년쯤 되자 학급에서 가장 높은 영어점수를 받기도 했습니다.

물론 도서관에서 책과 비디오를 빌려본다든가 어머니께 따로 배운 것이 제 영어 학습의 전부는 아닙니다. 어머니는 하루에 단어 10개, 문장 5개씩 암기하고 문장을 만들어서 쓰도록 지도하셨습니다. 어머니는 저와 형에게 현실로 닥쳐올 일들을 예상하고 계셨기 때문에 저희가 하루라도 빨리 영어를 할 수 있기 바라셨고, 그래서 단어와 문장을 읽고 쓸 줄 아는 실력을 쌓도록 가르치신 것입니다.

어머니는 저희 형제에게 훌륭한 가정교사이시기도 합니다. 어머니는 아들의 영어공부를 위해, 미국에 들어가면서 미리 중학생을 위한 「완전정복」참고서를 가져가는 열의를 보이셨습니다. 하지만 역시나 초등학생이 보기에 힘에 부쳤기 때문에 알파벳과 중학교 1학년에 해당하는 단어를 골라내어 하루에 10개씩 외우도록 한 것입니다. 어머니는 10개씩 외운 단어를 조합하여 문장을 만들어보도록 지도하셨습니다.

제가 어릴 때 뵌 아버지는 항상 도서관에 가시거나 거의 책을 들고 공부하시는 모습이었습니다. 어머니도 제가 독서와 공부에 관심을 가질 수 있도록 언제나 책과 잡지를 많이 보여주셨습니다. 만화영화 비디오를 보더라도 영어 단어 하나라도 더 외울 수 있도록 자연스럽게 공부 습관을 심어주신 분 역시 어머니이셨습니다. 두 분 부모님이 보여주신 모범과 격려 덕에 저는 어린 시절에도 힘겨운 상황을 잘 헤쳐 나갈 수 있었을 뿐 아니라 공부하는 습관도 자연스럽게 터득했다고 생각합니다.

학교에 입학하기 전까지 저는 그런 방식으로 열심히 영어를 공부했습니다. 비록 발음은 엉망이었지만 그렇게 미리 공부해둔 것은 결과적으로 매우 유익했습니다. 초등학교에 입학하자마자 저는 처음부터 곧바로 일반 교실에 들어가 공부하게 되었습니다. 기초 영어를 가르쳐주는 시간은 아예 없었습니다. 단지 외국에서 온 학생들만 따로 모아서 방과 후 1시간 정도 보충수업을 할 뿐이었습니다.

흥미로운 사실은 영어를 모국어로 하는 미국 아이들이라고 해도 단어의 뜻을 많이 알지 못한다는 것이었습니다. 2학년으로 입학하고 보니 어느 때에는 미국 아이들보다 오히려 제가 더 나을 때도 있었습니다. 미국은 한국처럼 초등학교에 들어가기 전에 글이나 숫자를 미리 익히고 들어가는 일이 거의 없습니다. 어릴 때에는 서두르지 않고 천천히 교육합니다. 그래서 미국 아이들이 말은 하는데 단어를 잘 모르는 경우가 더 많습니다. 단어카드 맞추기를 하면 제가 아는 단어가 오히려 더 많을 정도였습니다. 외국인 반에서도 제가 영어를 처음 배우는 학생이라고 생각하고 흔히 단어 카드를 이용해서 질문하곤 했습니다. 비록 발음이 정확하지는 못해도 아는 단어가 제법 많았던 저는 선생님으로부터 칭찬받는 일이 많아졌습니다. 그러자 서서히 자신감도 붙기 시작했습니다.

초등학교 2학년 때 제게 영어를 가르쳐주신 분은 넬슨(Mrs. Nelson) 선생님입니다. 넬슨 선생님은 외국인인 제게 무척 친절히 대해주셨을 뿐만 아니라 용기와 자신감을 불어넣어주시고 잘 적응해나갈 수 있도록 도와주셨습니다. '말은 잘 못해도 무언가 많이 아는 아이'라고 인정해주신 것만으로도 제겐 큰 힘이 되어주신 분입니다. 차츰 혼란에서 벗어나 자신감을 되찾기 시작하면서 저는 점차 공부를 즐기기 시작했습니다.

4장 주님 안에서 공부의 목적을 확립한다

예수님을 믿고 나면 무엇보다 인생의 목표와 방향이 달라집니다. 인간은 하나님을 위해, 하나님의 영광을 위해 존재합니다. 그렇다면 학생이 해야 할 공부의 목적도 당연히 하나님의 영광을 위하는 것으로 방향이 달라져야 하는 것이 분명합니다.

뜻을 세우지 않은 공부, 아무 소용없다

2003년 여름, 형과 함께 무척 오랜만에 한국을 방문했습니다. 미국에 간 것은 10년 전이었지만 2년 후에 잠시 방문한 적이 있었고 그후로 7년 만의 귀국이었습니다. 오랜만에 사촌들을 만나 이야기를 나눠보았는데 그때 한국의 많은 청소년들이 하루 온종일 학교에서 시간을 보내는 것도 부족해서 또다시 밤늦도록 학원에 가서 공부한다는 말을 들었습니다. 미국에서 공부해온 저로서는 도무지 믿기지 않는 일이라서 처음에는 농담인 줄 알았습니다. 그런데 그것이 모두 사실이라니 저는 할 말을 잃었습니다.

영어와 수학은 기본적으로 학원에 의존하고 있을 뿐만 아니라 제 또래 친구들이 뚜렷한 목표도 없이 막연하게 경쟁하는 모습을 보며 저는 마음이 아팠습니다. 학생들이 공부하느라 스트레스를 많이 받아서 잘못되기도 하고, 누구는 1등, 누구는 2등이라면서 성적을 비교한다든지, 남보다 앞서겠다는 이유만으로 공부에 목숨을 걸다시피 하는 모습은 저로서는 이해가 되지 않았습니다.

내가 다른 아이보다 앞서겠다는 욕심만으로 공부하려 한다면 그것은 옳지 않습니다. 그것은 스트레스만 가중시킬 뿐입니다. 그것보다는 자기가 커서 어떻게 다른 사람을 위해 살아갈지, 하나님의 영광을 위해서 어떻게 살아갈 것인가를 목표로 공부하는 태도가 중요합니다.

또한 한국 청소년들은 공부만 하느라 청소년 시기에 체험해보아야 할 여러 가지 활동, 이를 테면 여행이라든지 독서, 문화활동 등을 놓치는 경우가 너무 많습니다. 이것이 한국의 현실이라니 너무나 안타깝습니다. 학생들은 공부만 할 뿐이고 부모님과 선생님들은 성적만으로 그 학생을 판단한다니 너무나 가슴 아픈 일입니다. 아이들은 오직 성적 때문에 부모님께 야단을 맞고 스트레스를 받습니다. 아무리 공부가 중요하다고 해도 공부가 전부는 아닙니다. 그런데 한국의 청소년들은 대학에 가야 한다는 일념으로 오로지 공부에만 시간을 낭비하고 있다는 것이 제가 한국에 와서 느낀 점입니다.

그렇지만 저는 한국 학생과 미국 학생들이 제아무리 공부하는 환경이 다를지라도 공부에 대한 목표를 바로 설정하기만 하면 공부에서 뜻을 찾을 수 있는 길은 분명히 있다고 믿습니다.

공부하는 이유를 분명히 하라

그러면 올바른 공부의 목표는 어떻게 세울 수 있을까요? 저는 한국의 청소년들도 저와 마찬가지로 신앙적인 동기 부여가 가장 먼저 필요하다고 생각합니다. 먼저 예수님을 잘 믿어야 합니다. 공부와 인생에 대한 목표를 올바로 세우려면 먼저 예수님을 바르게 믿어야 한다고 확신합니다. 그렇게 되면 하나님의 영광을 위해서 공부한다는 목표가 분명해질 것입니다. 예수님을 믿는 믿음으로 공부한다면, 아무리 교육 환경이 열악한 한국에서라도 얼마든지 즐거운 마음으로 공부할 수 있다고 믿습니다.

물론 한국은 미국과 비교해볼 때 교육 환경이 너무나 다릅니다. 미국이라고 해서 중고등학교 과정이 마냥 신나거나 꿈같이 자유로울 것이라는 편견은 버리십시오. 공부에 대한 과제나 도전은 어디나 마찬가지입니다. 그러나 그것을 억눌린 분위기 가운데 하느냐 스스로 자유롭게 하느냐에 분명한 차이가 있습니다. 하지만 더 중요한 것이 있습니다. 공부를 왜 하려고 하는지 그 목표를 스스로 분명히 세우지 않고서는 어디를 가더라도 제대로 된 공부를 할 수 없을 뿐만 아니라 학업의 정진 또한 이룰 수 없다는 것입니다.

특별히 저는 하나님과 올바른 관계를 정립한 청소년이라야 자신이 누구인지 분명히 알게 된다고 확신합니다. 그런 청소년이라면 인생의 올바른 목표를 세우고 공부도 잘하게 된다고 믿습니다. 그렇다면 예수님을 진정으로 믿는 청소년은 왜 인생과 공부에 대한 태도까지 달라지는 것입니까?

예수님을 믿고 나면 무엇보다 인생의 목표와 방향이 달라집니다. 인간은 하나님을 위해, 하나님의 영광을 위해 존재합니다. 그렇다면 학생이 해야 할 공부의 목적도 당연히 하나님의 영광을 위하는 것으로 방향이 달라져야 하는 것이 분명합니다. 학생들은 반드시 하나님이 주신 미래의 비전을 품고 하나님의 영광을 위해 살아가기로 결심해야 합니다.

하나님의 영광을 위해 공부한다고 마음먹으면 하나님께서 지혜를 주시고 도와주셔서 분명히 공부를 더 잘할 수 있게 된다고 믿습니다. 사람에 따라 두뇌능력(IQ)에는 차이가 있을 수 있습니다. 아무래도 두뇌가 우수한 아이들이 공부를 더 잘하는 편입니다. 그러나 아무리 똑똑해도 공부에 뜻을 두지 않거나 생활의 지혜가 없다면 공부를 잘할 수 없습니다. 더욱이 지혜는 하나님이 주시는 것입니다. 성경에는 "너희 중에 누구든지 지혜가 부족하거든 모든 사람에게 후히 주시고 꾸짖지 아니하시는 하나님께 구하라 그리하면 주시리라"(야고보서 1:5)라는 말씀이 나옵니다. 따라서 지혜가 부족하고 남들처럼 명석한 두뇌를 갖지 못해서 처음부터 공부를 포기한다고 말하는 것은 믿음이 없다는 증거가 됩니다.

저도 미국에서 미국 학생들과 경쟁하며 공부하느라 너무 힘이 들었습니다. 영어가 잘 되지 않아 힘들고 속상해서 하나님께 영어를 잘하게 해달라고 기도했습니다. 물론 다른 공부도 잘할 수 있게 해달라고 기도했습니다. 저는 결과적으로 하나님께서 제 기도를 들어주셨다고 확신합니다.

저도 문제가 잘 풀리지 않을 때나 단어가 잘 외워지지 않을 때가 있어서 스트레스를 받기도 합니다. 하지만 모든 과정을 하나님이 원하시는 대로, 하나님의 영광을 위해 한다고 생각하면 다른 학생들보다 스트레스를 잘 견뎌내며 공부할 수 있었습니다. 또 내가 최선을 다해 노력하기만 하면 노력하는 만큼 하나님이 복을 주신다고 믿게 되니 마음도 편해졌습니다. 사리사욕을 위해 공부하는 것이 아니라 하나님과 이웃을 섬기기 위해 결단하고 공부하는 자에게 하나님께서 은혜와 복을 주시리라 믿습니다.

　사랑하는 한국의 청소년 여러분, 선생님이나 부모님으로부터 공부 스트레스를 받고 있습니까? 그 스트레스에 얽매이지 말기 바랍니다. 차라리 마음을 편하게 비우고 공부할 때마다 먼저 하나님께 기도로 아뢰십시오. 하나님께 기도하면서 하나님의 영광을 위해 공부하겠다고 다짐해보십시오. 하나님을 위해서 공부한다고 마음먹으면 하나님은 분명히 도와주실 것입니다. 자기 자신을 위해서 공부한다거나 다른 친구와 비교 경쟁하느라 공부한다는 잘못된 마음은 버리기 바랍니다.

하나님의 영광을 위해 산다는 것?

　저는 "학생들은 반드시 하나님이 주신 미래의 비전을 품고 하나님의 영광을 위해서 살아가기로 결심해야 한다"라는 말의 의미에 대해서 좀 더 구체적으로 말하고 싶습니다. 학생이라면 누구나 공부에 대해 고민합니다. 그러나 공부에 대해 고민하기에 앞서 먼저 하나님을 잘 믿어야 합니다. 그런 다음 공부하는 목적을 하나님의 영광에 두어야 합니다. 저에게는 이렇게 말할 수 있는 제 나름대로의 신앙적인 확신과 믿음이 있습니다.

지금 제 삶의 의미는 오직 예수님입니다. 예수님과 하나님의 영광을 위해서 살지 않으면 제 삶은 의미가 없습니다. 예수님은 나를 사랑하셔서 나를 위해 자신의 몸을 십자가에서 희생하시고 사흘 만에 다시 부활하셔서 저를 구원해주셨습니다. 그 크신 사랑을 베풀어주신 예수님께서 제게 그저 당신을 믿기만 하라고 말씀하셨습니다. 그리하면 제게 영원한 생명과 복된 달란트(은사)를 주시고 저의 인생을 하나님이 원하시는 대로 인도하시고 복 주시겠다고 약속하셨습니다. 본래 죄인으로 태어나 아무것도 한 것이 없는 제게 이 모든 것을 주시겠다는 약속은 은혜입니다. 그리고 제가 할 일은 예수님을 제 삶의 주인으로 모시고 그분의 뜻을 따라 살아가는 것입니다. 그분의 뜻을 좇아 산다는 것은 곧 하나님의 영광을 위해 산다는 말이기도 합니다.

　학생들에게도 동일한 말을 전하고 싶습니다. 여러분은 하나님이 지으신 하나님의 피조물입니다. 여러분에게 있는 모든 것은 하나님이 주신 것입니다. 그러므로 여러분에게 있는 것의 주인이신 하나님께 내가 얻은 기쁨과 모든 영광을 돌려드리는 것은 당연한 일입니다. 그런데 이런 마음은 사람이 스스로 자연스레 만들어낼 수 있는 것이 아닙니다. 먼저 예수님을 믿으십시오. 예수님을 당신의 삶의 주인으로 모셔 들이십시오. 그리고 공부나 다른 무슨 일을 하든지 간에 다 하나님의 영광을 위해 최선을 다하겠다고 결심하십시오. 최선을 다하는 과정에서 내게 부족하다고 느끼는 점이 있다면 "후히 주시고 꾸짖지 아니하겠다"라고 약속하신 하나님께 기도하십시오. 내가 기도하는 이유나 목적이 나의 영광을 위한 것이 아니라 하나님의 영광을 위한 것이 분명하다면 하나님은 분명히 기도하는 우리에게 응답해주실 것입니다. 왜냐하면 우리는 하나님을 위해 살기로 다짐했기 때문입니다.

그런 다음 어떤 사람이 되어 어떤 일을 하고 싶다는 꿈을 분명히 가지십시오. 그 꿈은 반드시 하나님과 사람들을 위한 꿈이어야 합니다. 하나님과 이웃을 섬기기 위해 내 인생의 꿈을 성취하겠다는 마음을 가지면 더 열심히 공부할 수 있습니다. 자기 자신만을 위한 이기적인 목적보다 더 큰 목표를 가지고 사는 사람은 반드시 공부도 열심히 하게 됩니다. 간혹 어려운 일이 생기더라도 하나님이 도와주셔서 충분히 극복할 수 있게 될 것입니다.

각자의 꿈을 찾으려면 각자 받은 달란트에 집중해보십시오. 모든 사람에게는 하나님으로부터 받은 달란트가 있습니다. 남보다 잘하는 것이 반드시 하나 이상은 있을 것입니다. 그 일을 하면 기분이 좋아지고 흥분이 되며, 다른 친구보다 더 잘하게 되고 피곤하지도 않은 그런 일이 있을 것입니다. 그것이 바로 자신의 달란트라고 생각해도 크게 틀리지 않습니다.

이처럼 하나님이 우리를 세상에 보내실 때에는 각자에게 맞는 달란트를 주셨습니다. 모든 학생들도 각자 잘하는 것이 있을 것입니다. 하나님께 자신에게 주신 달란트가 무엇인지 기도하고 확인해보십시오. 그리고 삶의 목적을 깨닫게 해달라고 기도하면 하나님이 보여주실 줄 믿습니다. 하나님이 각자에게 무엇을 보여주시든지 그것을 이룰 수 있도록 열심히 공부하면서, 하나님의 영광을 위해서 사는 자세가 중요하다고 생각합니다.

10살 이전에 공부 100배 즐기기

저는 초등학교 시절과 중학교 저학년 때까지 공부 자체를 즐겼다고 생각합니다. 꼭 A학점을 받았기 때문이 아닙니다. 편안하게 공부를 즐기다보니까 자연스럽게 A학점이라는 결과를 받게 되었다고 생각합니다. 사실 초등학교 때까지 저는 하나님을 위해 살기 위해 공부를 잘 해야겠다는 목표 의식이 그렇게 뚜렷하지 않았습니다. 아무래도 어렸기 때문이겠지요. 게다가 초등학교 때는 성적과 등수에 크게 연연하지도 않았습니다. 다만 공부에 대한 부모님의 자상한 가르침 덕분에, 말이 안 통하는 미국인 친구들 틈에서 기죽지 않으려면 무엇보다 공부를 잘해야겠다는 생각을 하기 시작했던 것만은 분명합니다.

미국의 초등학교는 한국 초등학교 분위기와 비교할 때 차이가 많습니다. 글도 배우고 역사도 배우고 수학도 배우지만, 공부하는 분위기가 딱딱하지 않고 억압적이지 않아서 굳이 남들보다 앞서 1등을 해야 한다는 부담감도 느껴지지 않습니다. 그래서 오히려 제가 두드러져 보였는지도 모릅니다. 공부에 부담을 느끼지 않는 아이들 가운데 아시아에서 온 눈이 작고 얼굴이 노란 아이가 유난히 공부를 잘한다는 소문이 나자 아이들은 저를 색다른 시선으로 보았고 저 역시 그런 아이들의 변화를 느낄 수 있었습니다.

그러다보니 저는 더욱 자연스럽게 열심히 공부하는 습관을 붙이게 되었습니다. 어린 마음이지만 친구들이 나를 대하는 태도가 달라진 이유가 나의 성적 때문이라는 것을 깨닫자, 공부를 더 잘하고 싶다고 생각하게 된 것이지요. 그렇게 저의 주변 환경은 어린 저에게 공부의 필요성을 인식하게 해주었습니다. 그러다가 공부가 제 인생을 위해 중요하다는 것과 "나는 하나님의 영광을 위해 공부한다"라는 생각을 본격적으로 키우기 시작한 것은 중학교 3학년에서 고등학생이 되는 시기였다고 기억됩니다. 그 무렵은 특별히 제가 하나님을 인격적으로 만난 시기이기도 했습니다.

십대는 어른들로부터 "너희들이 할 일은 공부뿐이다"라는 말을 자주 듣습니다. 사실 공부가 중요하다는 것은 모두 알고 있습니다. 그러나 정말 자기 자신의 인생을 위해 왜 공부가 중요한지 물으면 제대로 대답하는 친구는 많지 않습니다. 더욱이 초등학생이나 중학생 시절에 공부하는 이유를 진지하고 분명하게, 확신을 가지고 말하는 학생은 그리 많지 않을 것입니다. 그것은 저도 마찬가지였습니다.

다만 저는 어릴 때부터 어머니와 아버지가 저를 위해 기도하시며 제 스스로 기도하는 아이가 되도록 하는 신앙훈련을 받았고 그 신앙교육의 영향이 제게 많은 영향을 미쳤다고 생각합니다. 어려서부터 부모님은 저를 위해 축복기도를 해주실 때마다 "하나님의 영광을 위해 공부하게 해주옵소서!"라고 기도하셨습니다.

부모님은 제게 지나치게 공부를 강요하시는 법이 없었습니다. 그러나 어떻게 해서든 공부하는 습관을 들이도록 하는 데는 각별히 신경을 써주셨습니다. 어머니는 종종 퀴즈나 게임 방식으로 성경을 가르쳐주셨고 저희를 도서관에 데리고 다니며 스스로 책과 친해지도록 유도하셨습니다. 결국에는 공부가 재미있다는 사실을 저희 스스로 느끼도록 만드신 것이지요. 특히 말이 통하지 않아 따돌림을 당하기 일쑤였던 초기 미국생활 시절에 영어 단어를 많이 익히도록 지도해주신 것은 두고두고 감사한 일입니다. 그 일로 나도 미국 아이들을 따라잡을 수 있다는 자신감이 생겼기 때문입니다.

그런 자신감을 바탕으로 기초 실력을 쌓으면서, 저는 잘하든 못하든 공부 자체를 부담이나 일거리로 생각하지 않게 되었습니다. 물론 초등학생 시절이니 누군가 제게 "왜 공부를 하느냐?"라고 물어도 제대로 대답하지 못했을 것입니다. 저는 그냥 공부가 재미있었습니다. 재미를 느끼다보니 성적도 차츰 나아졌습니다. 무엇보다 만점을 받지 못했을 때에도 자신감만은 잃어버리지 않았습니다. 공부란 재미있어서 하는 것이지 꼭 만점이나 1등을 바라고 할 필요는 없다고 생각했기 때문이지요. 그런 마음가짐과 자신감이 기초가 되어 중학교에 들어가서부터 두각을 나타냈고 탁월한 성적까지 거두게 되었다고 생각합니다. 이런 제 경험에 비추어보더라도 부모님들이 너무 어려서부터 자녀에게 공부에 대해 지나친 스트레스를 주는 일은 바람직하지 않다고 생각합니다.

하나님과 함께 보낸 사춘기

역시 공부는 스스로 마음에 불이 당겨져야 되는 것인가봅니다. 저는 사춘기 시절에 하나님을 만나면서 갈등이나 좌절을 느끼기보다 제 인생의 목표와 공부해야 할 이유에 대해 오히려 더욱 분명히 깨닫고 마음을 확정했습니다. 저에게 사춘기는 무익한 시간이 아니라 오히려 인생과 세상에 대해 눈을 뜬 시기이자 스스로 어른스럽고 진지해진 성숙의 시간이었습니다. 그 덕분에 고등학생이 되고 나서부터 공부에 더욱 집중할 수 있었습니다. 하나님과의 관계를 회복하고 하나님이 제게 개인적으로 원하시는 것이 무엇인지 알게 되자 마음의 불안이나 산만함이 현격히 줄어들었기 때문입니다.

저는 말수가 적고 성격도 내성적인 편입니다. 부모님조차 저의 사춘기를 감지하지 못하고 지나갈 정도였지만 그런 저에게도 고민과 갈등이 있었습니다. 중학교에서 고등학교로 진학할 무렵 저는 신앙적인 관점에서 저의 장래에 대해 혼자 고민하며 많은 시간을 보냈습니다. 교회 예배나 수련회에서 기도할 때에도 하나님이 제게 원하시는 것에 대해 많이 기도하느라 깊은 생각에 잠기곤 했습니다.

그렇게 "인생이란 무엇인가?"를 생애 처음으로 회의하며 고민할 무렵 저는 하나님을 만났습니다. 하나님을 만나고 나니 하나님과의 관계가 인생에서 가장 중요하다는 사실을 깨닫게 되었습니다. 그런 다음 저는 학생으로서 지금 하고 있는 공부가 하나님이 주신 사명일 뿐 아니라 하나님 안에서 가장 소중한 일이며 의미 있는 일이라는 사실을 깨달았습니다. 다른 친구들은 사춘기에 도리어 공부할 의욕을 잃어버리거나 지나치게 방황하면서 공부할 시간을 빼앗기곤 한다는데 하나님을 만난 저는 오히려 그 반대였던 셈이지요.

사춘기를 보내면서 인생에 대한 많은 고민을 하는 가운데, 특별히 저는 하나님이 원하시는 제 미래의 모습이 어떠해야 할지 말씀에 준하여 깊이 묵상해보았습니다. 하나님을 떠나 방황하며 사춘기를 보낸 것이 아니라 하나님 안에서 사춘기를 보냈다고 할 수 있습니다. 그 덕분에 남들은 사춘기라고 부르는 격랑의 시절을 크게 어긋나지 않고 보낼 수 있었습니다. 어디 그뿐입니까? 하나님이 제게 가장 바라시는 삶이 어떤 것인지 그 방향성을 발견할 수 있었던 시간이기도 했습니다. 그러다보니 자연스레 학생으로서 최선을 다해야 할 일이 공부라는 것을 깨닫게 된 것이지요. 바울 사도는 고린도전서 10장 31절에서 "그런즉 너희가 먹든지 마시든지 무엇을 하든지 다 하나님의 영광을 위하여 하라"라고 말씀했습니다. 따라서 공부도 하나님의 영광을 위해서 해야 한다고 생각합니다.

너희 몸으로 하나님께 영광을 돌리라

예수님께서는 저와 여러분을 위해 십자가에서 죽으시고 우리를 그 피 값으로 사셨습니다. 우리는 그만큼 귀한 존재입니다. 제 인생 역시 결코 값싼 것이 아니며 하나님은 저를 통해 영광 받기 원하신다고 믿습니다. 바울 사도는 고린도전서 6장 20절에서 이렇게 말씀했습니다.

"값으로 산 것이 되었으니 그런즉 너희 몸으로 하나님께 영광을 돌리라."

하나님께 영광을 돌리며 사는 것을 목표로 삼으니, 공부가 힘들다는 생각이 줄어들었고 오히려 즐겁게 생각되었습니다. 그러나 만일 제가 제 자신의 부귀나 명예를 탐하여서 공부하기로 마음먹었다면 항상 다른 친구들과 성적을 비교하고 경쟁하며 대단히 힘겨운 나날을 보냈을 것입니다. 나를 위해 공부한다고 생각하면 항상 나보다 앞서가는 친구들과 경쟁하느라 스트레스를 받게 마련입니다. 하지만 내가 공부하는 이유가 나의 영광이 아닌 하나님의 영광을 위한 것이라면, 공부에 대해 완전히 다르게 생각하고 접근할 수 있습니다.

제가 "하나님의 영광을 위해 공부한다"라는 생각을 갖는 데 가장 큰 영향을 준 분은 역시 부모님이십니다. 부모님은 제가 아주 어릴 때부터 수시로 "인환아, 너는 하나님의 영광을 위해 살아야 한다"라는 말씀을 해주셨습니다. "무슨 일을 하든지 하나님을 위해서 하라"라고 가르치셨습니다. 하나님은 그 자체로 영화로우십니다. 나는 그런 하나님께 제 인생을 통해 영광을 돌려야 한다고 배웠습니다. 부모님은 "하나님의 영광을 위한다면 네가 지금 해야 할 일에 최선을 다하여, 흥미를 가지고 하라"라고 늘 말씀하셨습니다.

저는 하나님을 마음 중심에 모시고 최선을 다해 할 일이 무엇인지 찾아보았습니다. 그것은 '공부'였습니다. 이제 제 인생의 미래에 대해 더 이상 고민할 필요가 없어졌습니다. "나는 하나님의 영광을 위해 공부한다"라는 생각을 가슴 깊이 다짐했기 때문입니다. 그 결과 자연스럽게 공부에 대한 스트레스가 줄어들었고 굳이 공부하라는 말을 듣지 않아도 스스로 공부 계획을 세우고 집중하게 되었습니다. 하나님께 영광을 돌리는 삶을 살고자 하는 마음가짐을 통해 스스로 공부할 마음이 생겨난 것입니다. 이처럼 하나님을 바로 아는 것은 청소년들에게 얼마나 중요한 일인지 모릅니다.

저는 "하나님께 영광을 돌려드린다"라는 말을 공부와 실력으로 다른 사람들을 섬기고 봉사하며 사는 일이라고 적용했습니다. 제가 배우고 익힌 실력으로 다른 사람들에게 유익을 끼치고 도움을 줄 수 있다는 상상만으로도 공부해야 한다는 확실한 동기부여가 되었습니다.

의미 있는 인생을 위해 필요한 것

부모님은 제가 커서 아무리 돈을 많이 번다고 해도 자기만을 위해 쓰고 살면 무슨 기쁨이 있겠느냐고 늘 말씀하셨습니다. 경제적으로 여유가 있고 일신의 안락을 누릴지는 몰라도 보람을 느끼는 인생은 살 수 없다는 교훈이었습니다.

저희 부모님과 비슷한 이민 1세대 한인 교민들이 그런 것처럼, 그분들이 어려운 여건에도 불구하고 이민생활의 고생을 감내해온 것은 모두 자녀들이 잘되기를 바랐기 때문입니다. 그렇게 끊임없는 희생과 수고를 통해 자녀들이 다민족 사회인 미국에서 전문인으로 준비되고 발전해나가기를 바라는 것이 부모님의 한결같은 바람이었습니다.

그러나 미국은 결코 만만한 사회가 아닙니다. 미국이 아무리 기회의 나라라고 해도 유색인종이 주류사회(主流社會)에 진출한다는 것은 결코 쉬운 일이 아닙니다. 미국에서 좀 더 의미 있고 다른 사람에게 유익을 끼치는 일을 하려 한다면 평범한 실력으로는 곤란합니다.

부모님이 미국에서 목회를 하시다가 만난 교민의 상당수는 한국에서 공부를 많이 했다는 엘리트들이었습니다. 그런데 뒤늦게 미국사회에 정착하려다보니 그들이 배운 지식을 활용하기보다 육체노동에 가까운 일을 하는 경우가 더 많습니다. 교포들의 생활상을 통해 바라본 미국 사회와 미국 교포사회, 그 사회에서 살아가야 하는 저희 형제에게 무엇을 강조해야 할지 부모님은 많이 고민하셨습니다. 그 답은 먼 데 있지 않았습니다. 그것은 평범하게도 '공부'였습니다. 미국에서 살아가는 한인이나 미국 사람들을 보면 전문적인 직업을 가진 사람들과 그렇지 않은 사람들의 삶에 많은 차이가 있습니다. 유태인이나 다른 민족을 비교해서 보면 특히 그 차이를 크게 느끼게 됩니다. 그 가운데 당신의 자녀가 어떤 인생을 살아야 할지 생각해본 결과 의미 있는 인생을 살기 위해 공부해야 한다고 가르치게 되신 것이지요.

미국은 본인이 열심히 공부하면 선택의 기회가 매우 많습니다. 그래서 미국을 '기회의 나라'라고 말하는 것입니다. 하지만 다양한 기회는 거저 주어지는 것이 아닙니다. 본인이 그 많은 선택의 기회를 누리려면 선택할 수 있는 자격 요건을 갖추어야 합니다. 한국도 마찬가지이지만 미국은 더더욱 그렇습니다. 기회가 아무리 많아도 그 기회를 잡을 수 있는 실력과 자격을 갖추지 못했다면 그것은 그림의 떡이지요.

그러나 주의하십시오. 무조건 돈을 많이 버는 직업을 택한다고 성공했다고 말해서는 안 됩니다. 특히 미국 사람들은 단지 돈을 많이 번다고 해서 그 사람을 성공한 사람이라고 말하지는 않습니다. 돈이 많든 적든, 많은 사람을 도울 수 있거나 세상에 기여하는 능력을 가진 사람, 의미 있는 인생을 사는 사람을 진정으로 성공한 사람이라 여깁니다. 물론 '여피족'처럼 실력을 겸비하고 돈을 많이 벌면서 제 삶을 즐기는 사람이 되는 것이 최근 미국 사회의 흐름이기는 합니다. 그러나 그것은 결코 '하나님께 영광을 돌려드리는 삶'이 될 수 없습니다.

그저 돈을 버는 것만이 목적이라면 학창시절부터 무작정 사회로 나가 무슨 일이든 할 수도 있습니다. 그러나 그런 삶은 결국 자기 만족만 있을 뿐 그 이상의 기쁨을 누릴 수 없는 삶입니다. 삶의 의미는 돈 잘 벌고 잘 쓰는 데 있지 않습니다. 부모님이 제게 가르쳐주신 진정한 삶의 자세란 진정한 봉사의 삶을 살기 위해 선택의 기회가 많은 높은 단계로 올라가야 한다는 것이었습니다. 즉, 공부를 많이 하면 자기가 찾아서 일할 수 있는 선택의 기회가 많아진다는 것입니다. 직업과 삶을 선택하되, 하나님께 영광이 되고 많은 사람과 세상에 유익이 되는 기회를 잡으려면 그만큼 실력을 구비해야 한다는 것입니다. 실력이 없으면 선택의 기회도 없기 때문입니다.

공부해서 남 주는 훈련

공부를 잘해서 전문적인 직업인이 될 수 있다면 자기 자신에게는 물론 다른 사람들에게도 도움이 되는 삶을 살 수 있습니다. 부모님은 바로 이 점을 제게 가르쳐주셨습니다. 예를 들어서 의사가 된다면 의료 선교 활동으로 아픈 사람들을 도우며 전도할 수 있습니다. 또 보통 사람이 하지 못하는 특별한 분야에서 실력을 인정받는 전문가가 된다면 최소한 사회와 공동체에 기여하는 사람이 될 수 있습니다. 그러자면 아무래도 특별한 실력을 갖춘 전문 직업인이 되는 것이 유리합니다. 그리고 그런 직업을 갖기 위해서는 공부가 필수입니다. 그 목적을 성취하기 위해 대학에 가야 하므로 구체적으로 SAT 공부를 철저히 해야 합니다.

세상에는 돈이 많은 사람도 있고 지위가 높은 사람도 있습니다. 그러나 돈이 많거나 지위가 높다는 것이 보람 있는 인생을 살아가는 데 필수조건은 아닙니다. 부모님은 항상 제게 하나님께 영광을 돌리는 인생을 선택하라고 말씀하셨습니다. 그리고 열심히 공부해서 남을 도우며 살라고 강조하셨습니다. 이 가르침은 제가 개인적으로 하나님을 만나고 하나님을 알아가면서 제 안에 깊이 내면화되었습니다.

어른들은 흔히 "공부 좀 해라. 공부해서 남 주냐? 결국 다 네 것 되는 거지"라는 말씀을 종종 하십니다. 그러나 저는 그것이 아주 나쁜 말이라고 생각합니다. 제 주위를 둘러봐도 부모님께 이런 말을 듣고 공부에 욕심이 생겨서 열심히 공부한다는 아이는 한 명도 없었습니다. 거꾸로 그리스도인은 공부해서 남을 섬기는 사람이 되어야 합니다. 저는 제가 잘하는 공부로 남에게 무언가를 주는 인생을 살고 싶습니다. 제 부모님은 공부해서 남 주라고 가르치셨습니다. 심지어 한창 공부해야 할 고등학교 시절에도 이웃이나 교회 후배들의 공부를 도와주라고 말씀하셨습니다.

저는 고교시절 방과 후에도 과외 활동으로 육상을 하느라 실제로 공부할 시간이 부족했습니다. 책상은 물론 침대에도 언제나 공부할 책을 늘어놓았고 잠이 깨면 곧바로 책을 집어 들고 공부해야 할 정도로 언제나 공부할 시간이 부족했지요. 그런데도 저와 제 형은 부모님의 가르침을 따라 도움이 필요한 교회의 후배 학생을 위해 별도로 공부를 지도해왔습니다.

그중 7살 난 아이가 있었는데 머리도 좋고 명랑하고 활발한 성격을 가진 착한 아이였습니다. 믿음도 좋았습니다. 실제로 아이큐(IQ)도 매우 높게 나온 아이입니다. 그런데 이상하게 글을 읽고 쓰는 것이 느렸습니다. 저는 그 아이를 매주 1회 2시간씩 정기적으로 만나서 아주 기초적인 것부터 차근차근 가르쳐주었습니다. 처음에는 알파벳부터 소리를 내며 읽도록 했고 그 다음 기초적인 단어 읽는 법을 가르쳐주며 숙제도 도와주었습니다. 그 아이는 학교에서 읽으라고 준 쉬운 책조차 어려워했습니다. 저는 좀 더 쉬운 책을 골라 읽어주었습니다. 시간이 지나자 조금씩 나아지기 시작했고, 아무것도 배우지 못할 것 같던 그 아이가 처음으로 문장을 읽을 때는 정말이지 너무 기뻤습니다.

그 아이의 엄마가 너무 고맙다고 말씀하실 때, 저는 하나님이 그 아이가 공부할 수 있도록 저를 사용하셨다는 사실을 깨달았습니다. 아이는 그후 점차 공부에 흥미를 갖고 열심히 공부하게 되었습니다. 저의 적은 도움으로 그 아이가 공부를 잘하게 된 것을 보니 하나님이 그 아이를 위해 저를 쓰시고 그 아이에게 도움을 주도록 하셨다는 사실이 감격스러웠습니다. 공부해서 남 주는 일은 나중에 무언가를 성취한 다음에도 중요하지만, 바로 지금 그 나눔을 실천하는 훈련이 더 중요합니다. 개인적으로 그 아이의 공부를 도와준 일은 바로 그런 가르침을 처음으로 실천한 일이기도 했습니다.

한번은 미국의 병원에서 6개월간 치료를 받기 위해 온 초등학교 4학년 여자 아이의 영어 숙제를 매주 사흘씩 도와주기도 했습니다. 이틀은 내가, 하루는 형이 도와주었는데 병 치료를 마치고 한국으로 돌아가면서 아이의 어머니가 얼마나 고마워했는지 모릅니다. 누군가를 도울 수 있다는 것은 참으로 보람되고 기쁜 일입니다.

나를 향한 하나님의 뜻을 발견하라

저에게 청소년 시기에 믿음을 갖게 해준 두 가지 통로가 있다면 첫째는 부모님이며, 둘째는 교회입니다. 부모님은 부모로서 하나님께 받은 목표와 사명이 자식을 올바르게 키우는 일이라고 생각하셨습니다. 자식은 하나님으로부터 받은 일종의 달란트와 같기 때문에 잘 키워서 하나님께 영광을 돌려드리는 사람으로 자라게 하는 것이 부모의 마땅한 사명이라는 말씀을 늘 하시곤 했습니다. 자녀는 하나님께서 그 부모에게 주신 선물이므로 신앙적으로나 학문적으로 잘 지도해야 한다는 것입니다. 올바른 신앙을 갖도록 하는 것이 가장 큰 교육의 목표이며, 그런 다음 공부를 잘하도록 지도해야 한다고 생각하신 것입니다. 부모님의 신앙적인 가르침과 교훈은 가정예배와 기도 가운데 내면화되었습니다.

사춘기 시절, 교회학교 수련회에서 구체적으로 하나님의 뜻을 발견하게 되면서 저는 "하나님의 영광을 위해 공부한다"라고 굳게 다짐하게 되었습니다. 교회 수련회에서 만난 강사님은 "한 사람 한 사람에게 하나님의 뜻이 있다"라고 하시면서 청소년들에게 인생의 올바른 의미와 목적을 가지라고 말씀했습니다. 그 말씀은 제게 큰 도전이 되었고 "내가 하나님을 위해서 공부하는 목적은 많은 사람들을 도울 수 있는 능력을 갖춘 사람이 되려는 것이다"라는 생각을 구체화시키도록 해주었습니다.

제가 어렸을 때는 한 사람 한 사람에게 하나님의 뜻이 있다는 말을 제대로 이해할 수 없었습니다. 그러나 중학생이 되면서 중고등부 수련회에서 다시 한번 그 메시지를 듣게 되니 그 말씀의 뜻을 충분히 이해할 수 있었습니다. 하나님은 저처럼 어리고 여러 가지로 부족한 사람도 다 쓰실 수 있습니다. 예수님이 저처럼 약한 사람을 위해 십자가에서 돌아가셨고 구원을 베푸셨기 때문입니다. 저는 그 말씀을 듣고 예수님을 영접하였습니다. 그리고 하나님이 저 같은 사람도 사용하신다는 말을 깊이 묵상하고 기도했습니다. 막연했지만 하나님이 어린 저에게도 무슨 뜻인가를 가지고 계시리라는 것을 믿게 된 것입니다.

저는 스스로 공부하는 것이 재미있습니다. 하지만 재미를 느낀다고 해서 언제나 공부가 쉬운 것은 아닙니다. 저도 공부가 굉장히 힘들고 어렵습니다. 그러나 이렇게 공부하는 것이 하나님을 위하는 일이고 많은 사람을 도울 수 있는 일이라고 생각하면 그동안 해온 것보다 더 열심히 해야겠다는 생각을 하게 됩니다. 자신의 욕심과 출세를 위해서 공부하는 사람도 열심히 공부하는데, 하물며 하나님의 영광을 위해서 공부하는 우리는 얼마나 더 열심히 공부해야 하겠습니까! 적어도 학생인 저는 공부 이외에는 하나님과 많은 사람들을 위해 달리 할 것이 없다고 생각합니다.

중고등부 수련회에 참석할 때마다 저희 형제는 많은 은혜를 받았습니다. 그래서 특별히 수련회를 앞두고 있을 때에는 밤늦게까지 남아서 은혜를 사모하며 기도하곤 했습니다.

의사 달란트와 그 비전

저는 지금 의사가 되고자 하는 꿈을 가지고 하버드대학교 의예과(premed)에 진학했습니다. 이 꿈은 일찍이 사춘기 시절에 품은 것입니다. 내가 어떤 공부를 해서 하나님의 영광을 위하여 살며, 많은 사람들을 도우며 살아갈까 하고 고민하던 중 저는 의학을 공부하는 것이 좋겠다는 생각이 들었습니다. 미국의 케이블 텔레비전 채널 가운데는 종합병원의 수술 장면을 아무런 여과 없이 생생하게 중계해주는 프로그램이 있습니다. 모자이크 처리를 한다든지 대충 일부분만 보여주는 게 아니라 몇 시간 동안 붉은 피가 흐르고 피부와 내장을 도려내는 모습을 끔찍할 정도로 생생하게 보여줍니다. 아마 보통 사람 같으면 1분 1초도 그런 방송을 지켜보기 어려울 것입니다.

그런데 저는 이상하게 그런 장면이 두렵지 않고 어색하지도 않았습니다. 신기한 다큐멘터리 프로그램을 보는 것처럼 흥미진진하기만 했습니다. 어느 땐가는 3시간이 넘도록 그 프로그램에 채널을 고정한 채 집중하여 시청한 적도 있었습니다. 어머니는 그런 제가 이상해 보이셨는지 "어떻게 그런 끔찍한 장면을 그리 오래 보고 있느냐?"라고 하시며 거실의 텔레비전 앞을 피해 다니셨을 정도였습니다. 그런 걸 보면 공부를 잘한다고 해서 누구나 다 의사가 될 수 있는 것은 아니라는 말이 실감납니다.

저는 그밖에도 의사들이 병원에서 하는 모든 일에 관심이 생겨났습니다. 그래서 고등학교를 다니면서 반드시 해야 하는 사회 봉사활동을 나갈 때에도 일부러 병원에서 하는 봉사활동을 선택했을 정도로 의사가 되는 일에 관심을 갖게 되었습니다. 의사가 되고자 하는 꿈을 실현하려면 먼저 의과대학에 들어가야 합니다. 그러기 위해서는 중학교 때보다 더 철저히 더 열심히 공부해야겠다고 마음먹었습니다.

에릭 리들을 본받아

자기 유익을 구하지 않고 하나님의 영광을 추구하는 사람이 된다는 것은 말처럼 쉬운 일이 아닙니다. 이 생각을 청소년 시절부터 내면화하여 신념으로 갖게 되는 데에는 좀 더 특별한 도전이 필요했습니다. 제 경우에는 특별히 육상선수인 에릭 리들(Eric Liddell)의 실화를 다룬 영화 '불의 전차'(Chariots of Fire)를 보고 나서, 어린 시절부터 배워온 신앙의 원리가 더욱 강하게 마음속에 아로새겨졌던 것 같습니다.

에릭 리들은 20세기 초 영국의 유명한 육상선수이며 올림픽 금메달리스트입니다. 평생 복음을 전하는 선교사역에 헌신한 것으로 더욱 유명합니다. 제가 이 사람에 대해 처음 알게 된 것은 신앙적인 동기에서가 아니라 육상에 관심이 많았기 때문입니다.

저는 올림픽에서 금메달을 딴 훌륭한 육상선수의 전기영화가 있다기에 거기서 혹시 달리기에 대한 기술을 보고 배울 수 있지 않을까 싶어 도서관에서 그 영화를 빌려보게 되었습니다. 그런데 영화를 보다 보니 이 영화가 단순한 스포츠 영화가 아니라는 사실을 깨달았습니다. 오히려 감동적인 신앙간증 영화였습니다. 그렇지만 제가 육상에 관심이 없었다면 아마 모르고 지나쳤을 신앙위인이었습니다.

에릭 리들은 1924년 프랑스 파리에서 개최된 올림픽 육상경기에 영국 대표선수로 출전했습니다. 그의 육상 주종목은 100미터 달리기였습니다. 그는 신실한 크리스천이었고 매우 경건하며 보수적인 신앙관을 가지고 있었습니다. 그런데 하필 그가 가장 잘하는 종목인 100미터 준결승전이 주일 오전에 열리게 되었습니다. 그는 주일에 예배를 드리며 주일을 성수할 것인가, 아니면 개인과 조국의 명예를 위해 경기에 참가할 것인가를 놓고 고민하며 기도했습니다. 그는 결국 주일은 하나님의 날이므로 경기에 참가하지 않겠다고 대표단과 올림픽위원회에 통보했습니다. 그가 출전하기만 하면 금메달은 따놓은 것이나 다름없었는데도 말입니다.

그 대신 그는 그 전날에 열리는 400미터 경기에 출전하는 동료 선수와 종목을 바꾸기로 합니다. 그런데 놀랍게도 주종목이 아닌 400미터 경기에 출전한 에릭 리들이 우승하게 됩니다. 저는 그 영화에서 감격스러운 우승을 거머쥔 에릭이 많은 사람들과 더불어 기쁨을 나눌 때, 먼저 하나님께 영광을 돌리는 장면이 가장 인상적이었습니다.

그 영화를 보고 저는 이 점을 깨달았습니다. 무슨 일을 하든지 하나님을 가장 먼저 생각한다면 하나님이 모든 결과를 축복해주신다는 사실 말입니다. 저는 이 영화가 너무 감동적이어서 도서관에서 빌려온

육상을 좋아하는 지인환 군이 고등학교에서 개최한 마라톤대회에서 힘껏 달리고 있다.

비디오테이프를 제때 돌려주지 못하고 몇 번이고 반복해서 보았습니다. 저는 그 영화를 통해 제 삶에서 가장 큰 신앙 교훈을 재확인했습니다.

"나는 하나님의 영광을 위해서 달린다."

에릭 리들의 고백을 저는 이렇게 고쳐 써봅니다.

"나는 하나님의 영광을 위해 공부합니다."

미국의 대학에서는 단순히 점수만으로 입학생을 선발하는 것이 아니라 전인적인 인격을 갖춘 학생을 선발하고
자 합니다. 그래서 학창시절의 과외활동과 봉사활동 등을 고르게 참고합니다. 저 역시 공부 이외에 다른 활동을
하면서 많은 것을 배웠습니다.

다양한 활동

미국의 대학은 성적만으로 학생을 선발하지는 않습니다. 내신도 중
요하지만 특별히 고등학교 시절에 어떤 활동을 했고 어떤 성품을 지
닌 사람인가도 전형에 고려합니다. 그만큼 학창시절에 학과 공부와
함께 무엇을 했는지도 중요합니다.

지금 생각해보면 초등학교 저학년 때는 정말이지 철없고 어리기만
했습니다. 초등학교 때는 친구들한테 인정받는 일에 가장 많이 신경
쓰곤 했습니다. 초등학교를 다니는 보통의 남자아이들처럼 약간은 터
프하고 친구들 사이에 인기를 다투는 일에 연연하기도 했습니다. 미
국생활 초기부터 왕따를 당하고 놀림을 받다보니 반대로 하루 빨리

친구들로부터 인정받고 싶고 되도록 친구들을 많이 사귀고 싶다는 마음을 먹게 되었던 것이지요. 그러다가 학년이 오를수록 영어에 자신감이 생기고 공부도 잘하게 되면서 친구들에게 집착하는 마음도 조금씩 줄어들기 시작했습니다. 정말 중요한 것은 친구가 많은 것보다 단한 명이라도 진실한 친구를 사귀는 것이라는 점도 깨달았습니다.

한때 저는 형과 함께 낚시에 푹 빠져 지낸 적도 있었습니다. 제가 초등학교 4학년 무렵에는 1년간 TV를 봐도 낚시 프로그램만 볼 정도로 낚시 마니아가 되어 있었습니다. 그때 저는 생일선물로 낚시가방을 사달라고 졸랐고 낚시가방을 매고 아버지가 즐겨 찾으시는 신학교 도서관 옆 호숫가를 자주 찾아가곤 했습니다. 아버지가 도서관을 이용하는 동안 저는 형과 함께 아름다운 호숫가에 앉아 낚시를 즐겼습니다.

미국에 가자마자 저는 바이올린을 배우고 형은 첼로를 배웠습니다. 미국의 초등학교에는 오케스트라가 있어서 배우고 싶은 악기가 무엇이건 간에 교내 오케스트라반 선생님에게 무료로 레슨을 받을 수 있었습니다. 사실 저는 서울에 있을 때 초등학교에 들어가기 전까지 두 달간 바이올린 레슨을 받은 적이 있었습니다. 비록 기초 수준이기는 했지만 두 달간의 레슨으로 조금은 친숙한 바이올린을 선택했고 계속해서 바이올린을 배울 수 있었습니다.

학교 오케스트라뿐 아니라 교회의 예배 시간에도 오케스트라 연주에 동참했습니다. 교회 찬양팀에서는 베이스 기타와 어쿠스틱 기타를 연주합니다. 저는 피아노를 조금 배우다가 그만두었지만 형은 피아노 곡을 들으면 따라서 칠 정도로 상당한 실력을 갖추고 있습니다. 우리 형제가 악기에 재능이 있는 것은 피아노를 전공하신 어머니의 영향이 큽니다. 초등학교 때는 이렇게 다양한 경험과 취미생활을 즐기며 미국생활에 적응해나가는 시간을 보냈습니다.

중학생, 성적에 욕심 낼 시기!

중학교에 올라오면서부터 초등학교 때에 비해 공부를 좀 더 잘해야겠다는 욕심을 가졌습니다. 초등학교 때에는 성적이 조금만 올라도 주위에서 아낌없는 칭찬과 격려를 해주었습니다. 그럴수록 저는 더욱더 열심히 공부하겠다는 욕심을 품고 노력했습니다.

제가 본격적으로 공부에 취미를 갖기 시작한 것은 초등학교 4학년 무렵입니다. 미국에서 시작한 초등학교 생활은 말이 통하지 않아 난관에 부딪혔습니다. 하지만 영어로 의사소통하는 문제를 극복하기 시작하면서 서서히 자신감이 붙게 되었습니다. 제가 초등학교 때부터 모든 과목에서 1등을 한 것은 아닙니다. 그러나 어렸을 때부터 "나도 공부를 잘할 수 있다"라는 자신감을 가진 것이 무엇보다 중요하고 효과적이었다고 생각합니다.

초등학교 때에도 전 과목에서 A를 받아온 적이 몇 번 있었습니다. 그때 어머니는 그런 저를 보고 놀라곤 하셨습니다. 하지만 저는 당돌하게도 놀라는 어머니에게 "미국 초등학교는 숙제만 잘 해가고 선생님이 하라는 대로만 하면 A점수를 받을 수 있으니 대단한 일이 아닙니다"라고 말씀드렸습니다. "그러니 너무 좋아할 것 없습니다"라는 말까지 덧붙여서 말입니다. 제 말뜻은 공부를 안 해서 그렇지 조금만 하려고 들면 누구나 A를 받을 수 있다는 것이었습니다. 제 경험으로

중학교 때부터 성적 향상을 위해 노력한 결과 졸업식에서 과목별로 주어지는 트로피를 거의 다 석권하였다. 사진은 중학교 졸업식 때 받은 과목별 트로피들.

비추어보건대, 초등학교 때 가장 중요한 것은 시험 성적 결과가 아니라 공부에 대해 자신감과 취미를 가지는 일입니다. 초등학교 때 기초를 잘 쌓아두고 자신감만 확보해둔다면 중학교에 들어간 다음에는 노력 여하에 따라 다른 학생들보다 월등한 결과를 얻을 수 있기 때문입니다.

중학교에 진학하고 난 뒤 저는 특별히 좋아하는 과목에만 치중하지 않고 모든 과목을 다 잘해야겠다고 생각했습니다. 결국 중학교에 들어가면서부터 두각을 나타내기 시작하자 그것과 비례하여 재미있는 일도 많이 일어났습니다. 처음 중학교에 입학하러 갔을 때의 일이었습니다. 입학 원서를 접수하는 사무원이 저와 어머니에게 몹시 불친절했던 것을 저는 기억하고 있었습니다. 아마 백인이 아닌 동양 소년이니까 은연중에 무시했던 것이겠지요. 그러더니 1년이 지나고 나자 상황이 크게 바뀌었습니다. 어쩌다가 부모님이 학교로 찾아오시는 날에는 그 사무원의 태도가 완전히 달라집니다. 매우 친절할 뿐만 아니라 "아주 훌륭한 아드님을 두셨다"는 인사까지 빠뜨리지 않습니다. 미국 중고등학교에서는 학생들이 공부뿐만 아니라 여러 가지 활동에 참가하는 것도 중요하게 생각합니다. 공부든 특기든 특별하게 잘하는 학생에게는 남다른 관심을 보이며 주목하는 것이지요.

중학교에 올라가면서부터 저는 거의 모든 과목에서 A학점을 받았습니다. 그 결과 졸업할 때는 과목별로 성적이 가장 좋은 학생들에게 주는 트로피를 제가 거의 다 석권하다시피 했습니다. 중학교 1학년 때에는 영어에서만 트로피를 받았고, 2학년 때는 수학, 과학, 영어 세 과목에서 트로피를 받았습니다. 그리고 졸업할 때는 한두 과목을 뺀 모든 과목에서는 거의 다 1등 트로피를 받았습니다. 각 과목에서 트로피를 받을 학생을 발표할 때마다 '데이빗 지'(지인환의 미국 이름)가 호명되고 매번 제가 앞으로 나가니까 이제는 아예 수상자의 이름을 발표할 때마다 미리 모든 아이들이 "데이빗 지! 데이빗 지!"라며 제 이름을 연호하는 일까지 벌어지기도 했습니다. 저는 한두 과목을 제외한 모든 과목에서 트로피를 받았으며 종합 최고상 트로피까지 받는 영예를 누리게 되었습니다.

과외활동으로 바쁜 미국 고교생들

고등학교에 진학하면서부터 저는 공부만 하겠다고 다짐했습니다. 과외활동도 많이 하고 싶지 않았습니다. 그러나 과외활동에 동참할 것을 권하는 친구들이 많았습니다. 게다가 미국에서는 대학교에 들어갈 때 과외활동 한 경험을 중요하게 반영하기 때문에 저는 어떤 과외활동을 할지 선택해야 했습니다. 오케스트라 활동이야 어려서부터 계속 해온 일이고, 오케스트라를 제외한 다른 활동을 알아보다가 저는 수학경시대회 클럽에 들어갔습니다. 수학에 자신이 있었을 뿐만 아니라 수학 선생님의 추천도 있고 해서 그 클럽에서 2년가량 활동했습니다. 수학클럽은 매주 한 번씩 모여서 이웃한 다른 학교 학생들과 수학 실력을 겨루는 시험을 치릅니다. 필라델피아에 있는 5~6개 고등학교 수학클럽 회원들이 전부 모이면 몇 백 명이 되기도 합니다. 그렇게 많은 회원들이 모여 25분 안에 5개의 문제를 한꺼번에 푸는 시험을 보기도 했습니다.

담임선생님의 추천으로 과학클럽에 참가하여 프린스턴대학교에서 실시하는 고교생 과학경시대회에 나간 적도 있었습니다. 마침 그때 저는 AP 과목으로 생물학을 공부하고 있었기 때문에 과학클럽에서 프린스턴대학교가 주관한 시험을 본 일은 제게 여러 모로 유익했습니다.

AP란 'Advanced Placement'의 약자로 대학에서 공부할 기초과목을 고등학교 시절에 미리 공부한 뒤 시험을 통과하면 대학교에서 그 과목의 학점을 인정해주는 제도입니다. 고등학교 때 AP 과목을 이수하여 시험을 볼 때마다 좋은 점수를 받아두면 대학교에 가서 그 기초과목의 학점을 얻게 되는 것이지요. 즉, 대학에서 그 과목을 다시 들을 필요가 없어지기 때문에 대학에서 다른 공부를 더 할 수 있게 됩니다. 그래서 할 수만 있다면 고등학교에 AP 과정이 많을수록 유리합니다. 사립고등학교에는 비교적 AP 과정이 많습니다. 물론 공립학교 중에도 AP 과정이 많은 학교가 있지만 제가 다닌 고등학교에는 AP 과정을 허락하는 과목이 그리 많지 않았습니다. 저는 AP 과목으로 생물학을 선택했습니다. 대학 의예과(premed)에서도 주로 생물학을 공부해야 하는 저로서는 고등학교 때 미리 생물학을 공부해두는 것이 좋겠다고 생각했기 때문입니다.

저는 고등학교 내에서도 상위권 성적에 속하는 소수 학생만이 가입할 수 있는 NHS(National Honor Society)의 멤버이기도 합니다. 미국에는 고등학교마다 이런 클럽이 있는데, 여기에 들어가려면 각 학교에서 GPA(Grade Point Average : 평균 성적) 점수가 상위권이어야함은 물론 연간 과외활동과 자원봉사 활동 시간 역시 평균 이상 많아야 합니다. 그런 학생들은 따로 모여서 초등학교 학생들의 학습 지도와 기타 봉사활동, 학교를 위한 여러 가지 일들을 하곤 합니다.

그런데 이 클럽 활동은 대학교 입시 사정에서도 높은 점수를 얻는 항목이므로 매우 중요한 경력이 됩니다. 이 클럽의 회원이었다는 사실은 공부를 포함한 모든 조건과 활동이 우수하다는 것을 입증하는 것입니다. 저희 형도 이 클럽에서 활동했습니다.

운동이 주는 깨달음

운동은 체력을 기르기 위한 매우 중요한 과외활동 중 하나입니다. 저는 농구를 하고 싶었습니다. 중학교 때부터 정말 농구가 하고 싶어서 농구부에 들고 싶었지만 다른 아이들이 너무나 잘했기 때문에 농구팀에 합류할 기회를 좀처럼 얻지 못했습니다. 중학교 때에는 과외활동으로 농구를 신청하는 학생들이 많아서 시험을 볼 정도였습니다. 그런데 저는 시험에서 두 번이나 떨어졌습니다. 그러자 '이제는 아무리 연습을 많이 해도 안 되겠구나!' 라는 생각이 들었습니다. 고등학교에 들어가면 농구팀에 들어가기가 더욱더 어려워질 게 분명하기 때문입니다.

미국 아이들은 고등학생 정도 되면 완전히 어른처럼 키가 크고 체격도 좋아집니다. 그러니까 저 같은 동양인은 체격 조건 자체가 불리해지는 셈입니다. 하지만 저는 오로지 농구팀에 들어가서 농구를 해보고 싶다는 일념으로 피나는 노력을 하여 시험에 합격해서 고등학교 1학년 때 1년간 농구부 활동을 하기도 했습니다.

2학년 때부터는 농구보다 육상에 더 관심이 많아졌습니다. 육상은 농구처럼 인기 종목이 아니어서 지원하기만 하면 누구라도 할 수 있었습니다. 육상에 대한 관심이 하루가 다르게 높아진 저는 심지어 대학을 준비하는 동안에도 열심히 운동했습니다. SAT II 시험(미국 유명 대학교에서 요구하는 심화된 수준의 SAT 시험)을 치르고 하버드대학교 등에 원서를 내는 동안에도 하루에 3시간씩 달리기를 했고, 토요일에는 하루 종일 운동장에 나가 살다시피 했습니다. 보다 못한 어머니가 저를 말리실 정도였지요. 그렇게 한창 육상에 빠져 있을 때, 부모님은 제가 육상 때문에 공부를 포기한 것으로 오해하기도 했습니다.

저는 방과 후면 매일 두 시간씩 학교에서 달리기를 했습니다. 토요일이면 아침부터 6,7개 학교가 모이는 육상대회에 참가한 후 저녁 늦게 돌아오곤 했습니다. 자연스레 몸이 피곤해지고 집에 와서 공부를 못할 정도가 되었습니다. 부모님은 제가 육상에 빠져서 공부에 지장을 주는 것은 아닐까 하고 크게 염려하셨습니다.

하지만 운동은 제게 공부 못지않은 소중한 깨달음을 주었습니다. 하루는 달리기를 하다가 체력의 한계를 느껴 그 자리에서 쓰러져 죽을 것만 같았지요. 그러나 그것을 극복했을 때의 즐거움을 맛보고 나니 너무나 기분이 좋았습니다. 그 기분은 열심히 공부해서 좋은 점수를 얻을 때의 기쁨만큼이나 좋았습니다.

저는 육상을 즐기면서 배운 것이 참으로 많습니다. 계속해서 육상을 하려면 체력을 유지하기 위해 꾸준히 달리기를 해야 합니다. 저는 다른 아이들에 비해 뒤늦게 육상을 시작했기 때문에 아무리 노력해도 그들만큼 잘하기 어려웠습니다. 그들을 따라잡으려면 더욱더 노력하는 수밖에 없었습니다. 집에 돌아온 다음에도 저는 아파트 주변을 뛰었고 서울을 방문했을 때에도 달리기를 멈추지 않았습니다.

저는 무엇이든지 자신이 관심을 가진 일을 악착같이 하려는 노력이 중요하다고 생각합니다. 사실 제가 육상을 처음 시작한 것은 중학교 2학년 때였습니다. 농구부에 들어가고 싶었지만 자꾸 떨어지기만 해서 육상부에 들어가기 위해 연습을 시작한 것이 시작이었지요. 처음에는 1,600미터를 뛰는 것도 너무 힘이 들어서 쉽게 포기하곤 했습니다. 1,600미터를 뛰려면 보통 운동장을 네 바퀴 돌아야 하는데 세 바퀴만 돌아도 힘에 부쳐서 도중에 포기하고, 포기했다는 사실 때문에 스트레스를 받곤 했습니다. 그러면 집에 돌아와도 굉장히 기분이 안 좋습니다. 내가 포기한 일에 대해서 화가 나고 창피해서 공부까지 안 될 정도로 말입니다.

병원 봉사활동이 준 의미

봉사활동은 과외활동 가운데서도 매우 중요한 분야입니다. 저는 고등학생일 때 봉사활동의 일환으로 병원에서 하는 봉사활동을 선택했습니다. 학생들이 봉사활동을 할 수 있는 곳은 다양하지만 훗날 의사가 되고 싶다는 바람을 가지고 있는 제 경우에는 병원이 가장 좋을 것 같았기 때문입니다. 병원에서 제가 맡는 일은 매우 다양했습니다. 같은 병원에서 과를 바꿔가며 일주일에 4시간씩 봉사활동을 하는데 여름방학 동안에는 일반외과에서 병실의 침대시트를 바꾸는 일을 했고, 응급실에서 환자가 체크인할 때 컴퓨터로 등록하는 일도 해봤습니다. 엑스레이를 찍는 곳에서 필름을 옮기는 일도 했습니다. 병원에서 의사들이 하는 일을 직접 지켜보면서 저는 그 일들이 더욱 친근하게 느껴졌습니다.

병원에서 봉사활동을 하면 학생들에게도 식당에서 밥을 먹을 수 있도록 식권을 줍니다. 덕분에 종종 구내식당에서 점심을 먹곤 했는데, 어느 날 제 옆자리에 동양인 의사가 앉는 것이 보였습니다. 그 사람을 보며 내가 훗날 커서 저렇게 하얀 가운을 입는다고 상상해보았습니다. 그리고 이왕이면 외과나 내과처럼 직접 환자를 상대하는 분야를 전공하고 싶다는 생각도 해보았습니다.

한편 필라델피아 지역에는 각 고등학교에서 두 명씩 뽑아 1년간 일주일에 한 번씩, 대학병원에서 1시간 정도 의사들의 뒤를 따라다니며 의대생의 생활을 경험해보는 봉사활동 프로그램이 있습니다. 'Medical Scholarship Program'이라고 하는데, 저희 학교에서는 제가 뽑혔습니다. 여러 명이 지원했지만 저와 다른 한국인 학생, 이렇게 두 명만 뽑혔습니다. 저는 고등학교 마지막 시기인 12학년 1년간 이 프로그램에 참가했습니다.

병원에서 자원봉사자로 일할 때는 일반적으로 뒤치다꺼리 하는 일을 하지만 이 프로그램에 참가하면 마치 의대생이 된 것처럼 진짜 의사들을 따라다니면서 일합니다.

학교에서 공식적으로 추천해준 일이기 때문에 제게 큰 도움이 되었습니다. 저는 그 일을 하나님이 저를 의사로 쓰시겠다는 사인이라고 생각했습니다.

Life…

제가 공부 이상으로 많은 과외활동을 하느라 애쓴 이유는 미국 대학교의 독특한 입시제도 때문입니다. 한국에서 유학의 형식으로 미국 대학에 들어갈 경우에는 외국인을 받아들이는 일정한 비율과 시험 점수 위주의 전형이 적용되기 때문에 과외활동이 그다지 중요하지 않을 수도 있습니다.

그러나 미국에서 자란 학생이라면 우선 공부도 잘해야 하지만 과외활동도 열심히 해야만 대학 전형에 유리하므로 결코 무시할 수 없는 영역이지요.

미국의 대학에서는 단순히 점수만으로 입학생을 선발하는 것이 아니라 전인적인 인격을 갖춘 학생을 선발하고자 합니다. 그래서 학창 시절의 과외활동과 각종 수상경력, 체력, 인성, 봉사활동 등을 고르게 참고합니다. 실제적으로 과외활동을 많이 하다보면 수업시간에 얻을 수 없는 특별한 교훈을 많이 깨우칠 수 있습니다. 저 역시 공부 이외에 다른 활동을 하면서 많은 것을 배웠습니다.

봉사활동을 통해서 이기적인 삶이 아니라 남을 위해서 헌신하는 삶의 가치를 배웠고, 운동을 통해서 자신의 체력을 기르고 체력의 한계를 넘어서는 훈련도 했습니다. 또 연습의 중요성과 체력의 귀중함도 깨달았습니다. 과학클럽활동을 통해서 공부란 혼자서만 한다고 다 되는 것이 아니라 협동해서 일정한 성과를 만들어가는 과정이 중요하다는 점도 배웠습니다. 그런 측면에서 본다면 개인의 시험 점수만을 평가의 대상으로 보지 않는 미국의 제도에 합리적인 측면이 많다고 생각됩니다.

저는 음악과 육상 이외에도 독서와 글짓기(Writing)에 많은 관심을 기울였습니다. SAT II 시험에서는 영어 과목에서 작문(Writing)을 테스트합니다. 시험 때문만이 아닙니다. 글짓기는 자기 생각과 주장을 펼치는 데 반드시 훈련해두어야 할 분야라고 생각합니다.

저는 작문과 함께 시도 써보았습니다. 미국의 영어 시간에는 주로 시를 많이 읽도록 하는데 저는 영시 쓰는 법은 중학교 때 처음 배웠습니다. 직접 시를 써서 교실에서 발표하기도 했습니다. 또 *Anthology of Poetry by Young Americans*이라는 시집에 저와 형의 작품이 나란히 수록되기도 했습니다. 이 시집은 미국 전역에서 청소년이 쓴 시 가운데 잘 쓴 것을 선별해 매년 펴내는 학생 시집입니다.

제가 쓴 시는 1999년판에 수록되었으며 형이 쓴 시는 한 해 앞선 1998년판에 수록되었습니다. 다음은 제가 쓴 영시 '인생'(life)의 원문입니다.

Life

인생

When the wind blows,
The tree leaves falls.
But no matter how hard,
The tree stands tall.

바람이 불어오면
나뭇잎은 떨어진다네.
하지만 제아무리 거센 바람 불어올
지라도 나무는 거기 우뚝 서 있네.

When a storm strikes,
The bright sun disappears.
But when its time comes,
The Sun will dry the storm's
tears.

폭풍이 불어오면
빛나는 태양도 사라진다네.
하지만 때가 이르면
태양은 폭풍의 눈물을 마르게 하지.

When life gets rough,
Your heart breaks like a cup.
But no matter how painful,
I'm telling you, don't ever
give up.

인생이 힘들어지면
그대 마음은 유리컵처럼 깨어진다네.
하지만 고통이 제아무리 심할지라도
나 그대에게 말하리라, 결코 포기
하지 말라고.

by David Jee

지인환

Anthology of Poetry by Young Americans 에 수록된 지인환 군의 자작시.

역전되지 않는 우선순위

교회에서 봉사한 경력도 꽤 중요하게 인정받습니다. 저는 금요일마다 열리는 교회 찬양집회에서 기타 연주자로 봉사하고 있습니다. 금요일의 찬양집회는 어른과 청소년이 모두 참가하는 집회입니다. 중고등부에서도 집회 시간에 기타를 연주했습니다. 그리고 매년 열리는 어린이 여름성경학교에서 교사로 봉사했습니다. 1,2주일 전부터 열심히 준비하고 나서 아이들에게 성경도 가르칩니다.

여름성경학교의 자원봉사 교사가 되려면 미리 강습회에도 참여해야 합니다. 저는 공부하면서 늘 시간이 부족했기 때문에 가족과 함께 외식하는 것조차 싫어했지만 내일 당장 중요한 시험이 있다고 해도 여름성경학교 교사강습회만큼은 빠지지 않았습니다. 어린이들에게 성경을 제대로 가르치려면 제대로 배워야 하기 때문입니다. 부모님께는 제 시간을 빼앗지 말아달라고 하면서 여름성경학교 강습회에는 꼬박꼬박 참여할 만큼 교회 행사 준비에 차질이 없도록 그 일을 우선적으로 생각한 것이지요.

고등학교 1학년 때 SAT에 앞서 보는 일종의 모의고사인 PSAT를 볼 때 일입니다. 원래 교회 예배당을 건축한 다음 여름성경학교를 하려고 했으나 교회 건축이 늦어지는 바람에 10월에 이틀간 성경학교를 하는 것으로 일정이 바뀐 일이 있었습니다. 그러다보니 PSAT 시험을 보기 바로 전날 저녁에 성경학교가 열리게 되었습니다. 그렇게 성경학교를 하다보니 매일 밤늦게 집에 들어가게 되었고 시험 준비도 제대로 할 수 없었지요.

PSAT는 SAT 못지않게 중요한 시험입니다. SAT처럼 점수가 좋으면

대학교에서 인정해주는 경우도 있고 정부에서 주는 장학금을 받을 수
도 있는 중요한 시험이지요. 그 정도로 큰 시험을 앞둔 전날 밤늦게까
지 여름성경학교 임시교사로 봉사한 저를 위해 성경학교를 같이 진행
해온 선생님들이 다같이 모여 기도해주었습니다. 그런데 감사하게도
시험 결과가 매우 좋았습니다.

고등학교 졸업을 앞두고 대학교 합격 발표가 나기 전에 기쁜 소식이
들려왔습니다. PSAT 시험 결과가 좋아서 정부에서 주는 장학금을 받
게 되었다는 것입니다. 이 장학금의 정식명칭은 'National Merit
Scholarship'으로, 줄여서 'Nat'l Merit'라고도 합니다. 이 장학금의
대상자 선정과 발표는 연방정부 차원에서 이루어지며 장학금은 학생
이 거주하는 거주지의 주정부가 지급합니다. 제가 이 장학금을 받을
때 미국 전체에서 8천여 명이 받았다고 합니다. 그렇게 중요한 시험
전날까지 교회 봉사를 한 저에게 하나님은 놀라운 상으로 갚아주신
것입니다.

공교롭게도 AP 생물학 시험을 보기 전날에도 교회에 큰 행사가 열
렸습니다. 아버지가 서울로 부임하게 되신 다음 그 교회에 오시게 된
목사님의 부임예배가 있었기 때문입니다. 비록 시험 전날이었지만 교
회 오케스트라에서 바이올린을 연주해오고 있던 저로서는 빠질 수 없
는 자리였습니다. 오케스트라 연습을 하고 예배에 참석하느라 시험
준비를 제대로 할 수 없던 저는 그날 밤 늦게 돌아와서 책을 몇 번 들
쳐보는 것으로 시험 준비를 대신할 수밖에 없었습니다.

다음날 시험장에 들어가면서 정말 제대로 시험을 치를 준비가 안 되
었다는 생각에 걱정이 태산 같았습니다. 저는 시험지를 받자마자 바

AP 시험 전날이었음에도 불구하고 교회 행사에서 바이올린 연주로 봉사한 지인환 군(사진 왼쪽). 맨 우측은 첼로를 연주하는 형 지영환 군이다.

로 기도했습니다. 결국 만족스러울 만큼 시험을 잘 보지는 못했습니다. 1시간에 약 100문제를 풀어야 하는데 시간제한을 넘겨 결국 17 문제를 풀지 못했기 때문입니다. 그래서 원하는 점수(5점 만점)를 받지 못할 것 같았지요. 그런데 놀랍게도 상대평가를 통해 5점 만점을 받게 되었습니다.

PSAT 시험은 물론이고 AP 테스트를 볼 때에도 매번 교회 일로 바빠 완벽하게 공부하고 시험을 보지 못했는데도 매번 좋은 결과가 나오는 것을 보면서 저는 하나님께서 제가 시험 전날까지 교회에 가야 하는 상황에서 어떻게 행동하는지 시험해보신 것이 아닐까 하는 생각도 해보았습니다.

저는 부모님으로부터 교회활동과 시험 준비가 겹치더라도 교회활동을 빼먹지 말아야 한다고 배웠습니다. 그러나 막상 자주 그런 상황에 처하게 되면 솔직히 마음이 편하지 않고 불안합니다. 하지만 교회 행사에 빠지지 않겠다고 결단하고 교회 행사를 우선하였습니다. SAT 시험을 준비하는 수험생으로서, PSAT와 AP 시험을 통과하며 좋은 점수를 얻었던 두 번의 경험을 통해서 저는 믿음과 교회생활의 중요성을 다시 한번 확신할 수 있었습니다. 아무리 중요한 시험을 앞두고 있더라도 교회 행사나 예배를 포기하는 것은 옳지 않습니다. 또 시험 전날까지 봉사한 일이 결과적으로 하나님께 영광을 돌리는 일이 되었다고 믿습니다.

멕시코 선교여행의 교훈

저는 SAT 시험에서 만점을 받았다는 사실을 알게 된 그해 여름 방학 동안 교회 고등부 학생들과 함께 멕시코로 선교여행을 다녀왔습니다. 이 선교여행을 통해서 저는 제가 교만한 사람이며 너무나 부족한 점이 많다는 사실을 새삼 깨달았습니다.

저는 초등학교 1학년 때도 준비물을 직접 챙길 정도로 꼼꼼한 성격임을 자부해왔습니다. 오랫동안 선교여행을 위해 철저히 준비해온 저와 동료들은 멕시코로 가기 위해 공항으로 나갔습니다. 그러나 제가 부모님들이 사인한 출국서류를 집에 두고 온 사실이 뒤늦게 발견되었습니다. 학생들이 단체로 국외로 나가는 비행기를 탈 때는 부모의 동의서가 필요한데 그만 그 서류를 가지고 오지 않아 일행이 모두 다 비행기를 타지 못하고 집으로 돌아오게 된 것입니다.

그래서 서류를 다시 준비하고 비행기 일정을 재조정하느라 출발이 사흘이나 지체되었습니다. 정말 속이 상했습니다. 그 대신 지도하시는 전도사님과 만나 3일 동안 하나님의 말씀과 은혜를 나누는 시간을 가졌습니다. 지체되는 시간 동안 저는 이 점을 깨달았습니다. 하나님은 우리에게 더 많은 준비가 필요하다는 것을 아시고, 좀 더 기도하라고 시간을 벌어주신 것이 아닐까 하고 말입니다. 모든 문제에는 하나님의 뜻이 있습니다. 어린 나이에 부모님을 따라 미국으로 가서 생활하게 된 것도 하나님의 계획하심과 인도하심에 따른 준비 과정이었듯이 말입니다.

드디어 멕시코로 가게 되었습니다. 선교 여행은 태어나서 처음 하는 일이라 서투른 게 많았습니다. 게다가 다른 선교팀과 비교해서 우리 팀은 평균 나이가 가장 어린 만 18세 이하였습니다. 스페인어도 잘 못했기 때문에 처음에 멕시코 사람들과 대화하려고 집에 들어가려면 무척 긴장이 되었습니다. 하지만 사람들의 반응은 놀라웠습니다. 그들은 우리와 함께 진심으로 울며 기도했습니다. 새벽기도와 저녁기도회에서도 영적 훈련이 이어졌습니다. 모든 일을 기도로 준비하는 것이 얼마나 중요한지 깨닫는 시간들이었지요.

돌아갈 때에도 저는 영주권증명서를 가지고 있지 않아 곧바로 귀국하지 못했습니다. 영주권증명서는 여권처럼 가지고 다녀야 하는데 제가 가져가지 않아도 되는 것으로 잘못 이해하여 집에 두고 왔기 때문입니다. 모두들 선교 여행을 마치고 돌아가는데 저만 미국에 재입국하지 못하고 멕시코에 남게 될 형편에 처했습니다. 저는 급히 영주권을 찾아 익스프레스 메일로 보내달라고 연락했습니다. 돌아가자마자 수련회가 예정되어 있던 전도사님까지 저 때문에 덩달아 멕시코에 남게 되자 저는 몸 둘 바를 몰랐습니다. 그러나 전도사님은 오히려 "그 래도 하나님이 우리를 남겨두신 이유가 있겠지?"라고 저를 위로하시 며 문제가 해결될 때까지 남아 있는 전도지를 돌리자고 말씀하셨습니 다. 그때 저는 그 전도지 한 장 한 장이 얼마나 귀하게 생각되었는지 모릅니다.

멕시코 선교를 마치고 부모님이 부임하신 교회를 방문하기 위해 서 울을 방문했을 때의 일입니다. 하루는 삼성동 코엑스 전시관을 가는 길에 전철 바닥에 전도지가 떨어져 있는 것을 발견했습니다. 저는 곧 바로 그 전도지를 주운 다음 전철 안에 타고 있는 사람이 막 내리려 할 때 그 사람에게 인사하고 "읽어보세요"라며 전도지를 건넸습니다. 한 사람에게라도 더 전도하기 위해, 한 장의 전도지라도 더 돌리기 위 해 멕시코에 머물렀던 시간을 생각해보면 그 전도지 한 장이 제게 너 무나 소중하게 느껴졌던 것입니다.

경계경보, 교만!

저는 이 선교여행을 통해 많은 것을 느낄 수 있었습니다. 저는 하나 님이 우리와 함께하셨다는 사실을 깨달았습니다. 처음 집회가 열릴 때는 시간이 다 되어도 사람들이 오지 않아 걱정이 많았습니다. 첫날 에 모인 사람은 고작 40명 정도였습니다. 그러나 마지막 날에는 160명 이 모여드는 것을 보면서 저는 무엇이든지 사람이 잘해서 일이 되는 것이 아니라 하나님이 일하신다는 사실을 알았습니다.

개인적으로는 그 선교 여행을 통해 하나님께서 제 교만하고 나태한 마음을 꾸짖으시고 겸손을 깨우쳐주셨다고 생각합니다. 출국서류를 빠트린 일이나 영주권증명서를 가지고 가지 않아 뒤늦게 돌아온 일도 SAT 만점을 받아 한참 교만해 있던 제 자신을 조용히 돌아볼 수 있는 기회가 되었습니다. 한인신문에 기사가 나고 교포사회에 제 이름이 알려지면서 저도 모르는 사이에 제 안에 자만하는 마음이 들었던가봅니다.

사람들은 SAT 만점을 맞았다고 하면 완벽하고 똑똑한 사람이니까 그런 점수를 받았으리라고 생각합니다. 하지만 교만하면 아무것도 아닙니다. 교만하면 이런 어처구니없는 실수도 연발할 수 있습니다. 저는 교만을 부수고 낮아지게 하는 것도 하나님의 사랑이 담긴 교훈이라는 사실을 깨달았습니다.

저는 저의 교만을 회개했습니다. 하나님을 위해 공부한다고 생각했고, 은혜로 만점을 받아 하나님께 영광을 돌리는 기도를 드렸는데도, 제 자신이 얼마든지 교만해질 수 있다는 것을 깨닫자 두렵고 떨렸습니다. 겉으론 영적인 사람처럼 행동하고 믿음이 있다고 해도, 하나님의 일을 한다고 하면서 얼마든지 교만해질 수 있다는 점을 깨달은 것입니다.

"하나님, 제가 평생 겸손할 수 있도록 은혜를 주세요!"

2부

하나님의 영광을 위한
학습법 마스터링

우리의 삶 가운데 그리스도를 영접하면 우리 속에 하나님을 위한 삶을 살아야겠다는 욕망
이 자연스레 샘솟습니다. 하나님과의 관계를 최우선으로 한다면 이와 비례하여 우리의 시
간 역시 마땅히 하나님을 섬기는 데 사용해야 합니다. 하나님은 우리가 하나님을 간절히 섬
기기 원하십니다. 또한 우리 자신이 하나님이 마음껏 쓰실 수 있을 만한 실력 있는 사람으
로 성장하기 원하십니다. 그만한 실력을 갖추기 위해서 우리는 공부해야 합니다.

6장 공부에 집중하게 만드는 자기관리법

시간의 한계 상황을 극복해가며 모든 공부를 완벽하게 소화하기란 어려운 일입니다. 스트레스에서 벗어나 기대고 의존할 수 있는 무언가를 한 가지 이상 갖는 것이 중요합니다. 따라서 학생의 진정한 자기관리란 공부 스트레스 관리에서 출발한다고 생각합니다.

고질적인 나의 습관

제가 고등학교 시절에 맞서 싸워야 했던 것은 제게 주어진 시간의 한계를 포함한, 제가 가진 여러 가지 한계 상황이었습니다. 아주 짧은 시간 내에 많은 공부를 해낼 수 있다고 스스로 자신하기도 했습니다만 그것은 현실적으로 불가능한 일입니다. 그러나 저는 제 자신에게는 물론 부모님을 포함한 다른 사람 앞에서도 짧은 시간 내에 많은 공부를 할 수 있을 것처럼 말하곤 했습니다. 이런 태도는 간혹 시험에 대비하여 공부를 충분히 하지 못했거나 혹은 숙제를 마칠 수 있는 충분한 시간이 없을 경우, 다른 일을 모두 미뤄버리는 습관을 만들었습니다.

예를 들어 중요한 시험이 금요일에 있는데 화요일 밤부터 시험공부를 시작했다면, 공부해야 할 시험 범위가 아무리 많더라도 수요일과 목요일 이틀에 걸쳐서 모두 공부할 수 있다고 큰소리치는 것입니다. 그러나 말만 앞설 뿐, 고민이 되고 부담스럽기만 하지 공부에 별다른 진척도 없고 다른 일도 전혀 할 수 없는 상황에 빠지고 맙니다.

그러므로 이와 같은 한계 상황에 부딪히게 되면 그때는 먼저 자신의 한계를 일찌감치 깨닫는 것이 중요합니다. 학기 초에 공부할 스케줄을 잡을 때부터 미리 자신에게 닥칠 각종 한계 상황을 고려해야 합니다. 학생으로서 부딪힐 수 있는 한계 상황에는 시간 부족, 가정 형편이나 기타 해야 할 일들이 포함될 수 있습니다. 나의 능력만으로는 단기간에 극복하기 힘든 상황을 인정하지 않고 해낼 수 있을 것처럼 큰소리치는 것은 자기 관리에 미숙한 어린 학생들의 특징입니다. 저도 처음에 그랬습니다. 그래서 무작정 교과서를 붙잡고 씨름만 하기 일쑤였습니다.

자신의 한계를 명확히 알라

나에게 존재하지도 않는 능력을 남에게 확신시키면서 말로만 자랑하는 일은 누구에게나 쉽습니다. 그러나 그럴수록 더 큰 스트레스를 받게 됩니다. 시간의 한계 상황을 극복해가며 모든 공부를 완벽하게 소화하기란 어려운 일입니다. 저도 언제나 시간에 쫓기다시피 공부했고 항상 잠이 부족했습니다. 그래서 학생들이 잠시나마 모든 스트레스에서 벗어나 기대고 의존할 수 있는 무언가를 한 가지 이상 갖는 것이 중요하다고 생각합니다. 따라서 학생의 진정한 자기관리란 공부

스트레스 관리에서 출발한다고 생각합니다.

인간은 일과 외부의 압박, 그리고 스트레스 때문에 괴로움을 당하게 됩니다. 그러나 거기서 벗어날 수 있는 어떤 대안을 갖고 있다면 그 긴장에서 벗어나 모든 일을 전체적으로 올바르게 파악할 수 있을 것입니다. 저는 공부 이외에 다른 취미나 여가활동을 즐기라고 권하고 싶습니다. 독서, 하이킹, 잠자기, 음악 감상, 그림 그리기 등 건전하기만 하다면 무엇이든 좋습니다. 스트레스에서 벗어나게 해주는 활동을 통해 마음을 맑고 깨끗하게 하십시오.

특히 독서는 스트레스 해소가 될 뿐 아니라 공부에 반드시 필요한 일입니다. 학생이라면 두말할 나위 없이 독서가 매우 중요합니다. 청소년들이 보아야 할 필독서 목록을 구해 읽으십시오. 신문을 통해 신간 정보를 얻는 것도 필요한 일입니다. 그리고 매달 1회 이상 정기적으로 서점이나 도서관을 찾아가 둘러보고 책을 구입하십시오. 참고로 저는 집에서 15분 거리에 있는 반스앤노블(Barnes & Noble)이라는 대형서점을 즐겨 찾았습니다.

책을 읽을 때 베스트셀러라는 이유로, 어렵기만 하고 본인은 관심조차 없는 책을 억지로 읽을 필요는 없습니다. 먼저 본인이 흥미를 느끼는 책을 골라 읽으십시오. 교과서 읽기와 달리 일반적인 독서는 모든 것을 다 이해해야만 한다는 압박감을 느끼지 않기 때문에 스트레스를 덜 받습니다.

책 내용을 어느 정도 이해할 수 있는지는 오로지 독자 자신의 결정에 달려 있습니다. 책을 읽는 속도 역시 스스로 개발할 수 있습니다. 읽고 있는 책에 나오는 대부분의 어휘를 이해하려고 하면 속독은 불

가능해집니다. 반면에 그저 재미삼아 독서를 하면 간혹 모르는 어휘나 낱말이 나올지라도 빨리 통독하면서 그 가운데 책 전체의 아이디어를 이해하는 기술이 개발됩니다. 독서는 정보를 얻을 수 있고 공부에 도움이 될 뿐더러, 그 자체로 스트레스를 해소시키는 흥미로운 놀이라는 점을 잊지 마십시오.

학교나 가정에서 공부하는 동안 우리는 많은 스트레스를 받습니다. 그럴 때마다 저는 기도를 통해 효과적으로 스트레스를 날려버립니다.

"아무것도 염려하지 말고 오직 모든 일에 기도와 간구로, 너희 구할 것을 감사함으로 하나님께 아뢰라 그리하면 모든 지각에 뛰어난 하나님의 평강이 그리스도 예수 안에서 너희 마음과 생각을 지키시리라"(빌립보서 4:6,7).

이 말씀은 스트레스를 받지 말고 오직 최선을 다하라는 말씀이라고 생각됩니다. 어려운 일에 직면했다면 기도하며 최선을 다하십시오. 그리고 나머지는 하나님께 맡기십시오.

시간적인 한계 상황을 고려하여 전략적으로 예습해두는 학습계획을 수립함으로써 매수업마다 효과적으로 공부해나간다면 공부에 대한 스트레스를 상당 부분 줄일 수 있습니다. 말하자면 효과적인 학습법을 실천하는 일 자체로 스트레스가 줄어든다는 것이지요.

학생들은 어려운 시험에 대비하여 공부하거나 혹은 큰 프로젝트를 앞두고, '과연 내가 이것을 해낼 수 있을까?' 라는 소극적인 생각 때문에 스트레스를 받습니다. 그러므로 이런 일들에 착수하기 전, 스스로 시간의 한계 상황을 인정하고 그 시간 동안 집중해서 공부하십시오. 어떤 일에든 끝이 있고, 많든 적든 그 목표 지점에 다다를 때까지 가능한 일과 준비할 수 있는 시간이 있다는 점을 인식하면 됩니다.

브레인 쿨링 – 열나는 머리를 식혀라!

저는 공부에 대한 스트레스가 강할수록 수시로 긴장을 풀고 휴식해야 한다고 생각합니다. 쉬지 않고 앉은 자리에서 계속 공부한다는 것은 말 그대로 고역입니다. 공부하다가 몸이 지치면 가장 아픈 부위는 머리입니다.

회의할 때 아이디어를 모으기 위하여 자유롭게 생각을 나누는 것을 '브레인 스토밍'(brain storming)이라고 합니다. 그러면 공부하다가 지칠 경우 '머리를 식힌다' 는 표현으로 '브레인 쿨링'(brain cooling)은 어떻습니까? 머리에 열이 나면 집중할 수 없고 생각도 자유롭게 할 수 없습니다. 반대로 몸이 차가우면 체력이 떨어져서 지속적으로 공부할 수 없습니다. 따라서 머리는 시원하고 몸은 적당히 따뜻해서 혈액순환이 잘 되는 상태가 되어야 공부하기에 최적의 컨디션이라고 할수 있습니다. 한겨울 노천에서 즐기는 온천욕이나 요즘 한창 유행하는 반신욕도 쉽게 할 수 있는 브레인 쿨링의 한 방법이 될 수 있습니다.

대개 저는 공부를 하다가 머리가 답답해지면 10~15분 정도 머리를 식히는 활동을 합니다. 가끔 밖에 나가 달리기를 하거나 찬물에 샤워를 하는데 그러고 나면 다시 공부할 기분이 납니다. 쉬지 않고 나무를 자르는 나무꾼보다 가끔 쉬면서 톱날을 가는 나무꾼이 훨씬 더 많은 나무를 자를 수 있습니다. 그러므로 지나친 스트레스를 받거나 지나치게 공부에 압도당할 때는 계속 공부하겠다는 오기와 고집을 버리십시오. 머리를 맑게 하고 긴장을 풀기 위해 휴식 시간을 가져보십시오. TV를 보는 것도 한 방법입니다. 단, 반드시 시간과 프로그램을 정해놓고 시청하고 TV 시청을 마쳤다면 다시 공부할 자세로 돌아와야 합니다. TV에 너무 빠지지 마십시오.

휴식이 필요한 때가 언제인지는 자신이 가장 잘 알고 있습니다. 스스로 충분히 쉬었다고 느낄 때 책상 앞으로 돌아오십시오. 휴식은 공부에 집중할 수 있도록 하는 한 가지 방법이라는 것을 잊지 마십시오.

시간관리, 몇 번을 강조해도 부족하다

성경에는 "세월을 아끼라 때가 악하니라"(에베소서 5:16)라는 말씀이 있습니다. 꼭 성경말씀이 아니더라도 학생에게 시간은 너무나 중요합니다. 그리고 화살보다 더 빠르게 지나갑니다. 저도 미국에 온 게 엊그제 같은데 어느새 중학생이 되어 있었고, 정신없이 공부하다보니 벌써 대학에 들어가는 나이가 되었습니다. 그러는 동안 제게 주어진 시간을 잘못 관리했다면 저는 지금의 결과를 얻지 못했을 것입니다.

그런데 시간을 관리한다는 말이 무엇일까요? 시간관리란 그 시간에 무엇을 먼저 할 것인가의 문제입니다. 사람에게는 누구나 똑같은 시간이 주어집니다. 그 시간에 무엇이 더 급한 일인지, 무엇이 더 중요한 일인지 판단하고 계획하여 생각한 대로 시간을 활용하는 것이 바로 시간관리입니다. 똑같은 시간이 주어지더라도 그 시간에 내가 무엇을 할 것인지 결정하고 나서 그 일을 위해 시간을 보낸다는 말은, 그 시간에 내가 무엇을 가장 중요하게 생각하는지를 반영합니다. 이렇게 시간을 관리하지 않으면 우리는 시간을 헛되이 보내게 되기 쉽습니다. 그러므로 시간관리는 매우 중요한 일입니다.

지금 내가 가장 중요하게 생각하는 것이 무엇인지, 가장 급하게 해야 할 일이 무엇인지 생각해보십시오. 이것은 가치관이라는 말로 대체될 수 있습니다. 자신이 무엇을 가장 중요하게 생각하는지를 기준으로 삼아서, 그 기준에 따라 우선순위를 정합니다. 가치관과 우선순위는 내가 시간을 어떻게 사용할지 결정하는 밑바탕이 됩니다. 우리의 가치관과 우선순위는 두말할 나위 없이, 하나님의 말씀을 따라 하나님의 영광을 위해 사는 것입니다.

우리가 우리의 삶 가운데 그리스도를 영접하면 우리 속에 하나님을 위한 삶을 살아야겠다는 욕망이 자연스레 샘솟습니다. 하나님과의 관계를 최우선으로 한다면 이와 비례하여 우리의 시간 역시 마땅히 하나님을 섬기는 데 사용해야 합니다. 하나님은 우리가 하나님을 간절히 섬기기 원하십니다. 또한 우리 자신이 하나님이 마음껏 쓰실 수 있을 만한 실력 있는 사람으로 성장하기 원하십니다. 그만한 실력을 갖추기 위해서 우리는 공부해야 합니다. 따라서 내 인생의 우선순위를 아는 것이 시간을 효율적으로 관리하는 관건이 됩니다.

저는 시간관리가 신앙고백의 다른 표현이라고 믿습니다. 내가 시간을 어떻게 사용하고 있느냐가 곧 나의 신앙이 어떠하다는 것을 표현하는 증거가 됩니다. 기도와 묵상으로 하루를 시작하며 그날 내가 해야 할 일을 생각해두는 일, 또 스스로 결정하여 사용할 수 있는 시간을 계산해보는 것입니다. 즉, 학교 수업과 학원 등의 일과를 제외한 시간을 계산하여 그날 해야 할 공부의 양을 가늠해봅니다. 그러면 그 시간 동안 내가 얼마만큼 공부할 수 있는지 알 수 있습니다.

그리 중요하지는 않지만 가장 먼저 해야 할 급한 일, 급하지 않지만 중요한 일, 급하지도 중요하지도 않지만 언젠가는 해야 할 일 등으로 구분해보면 시간관리가 더욱 수월해질 것입니다. 그렇게 날마다 할 일과 일주일 후에 할 일 등을 미리 수첩에 적어서 적극적으로 시간을 관리하는 훈련을 해보십시오. 학창시절이 더욱 풍성해질 것입니다.

건강한 체력을 확보하라

두말할 나위 없이 건강한 사람이 더 효율적으로 일할 수 있습니다. 개인적으로 운동은 신체적으로, 정신적으로 큰 도움이 되었습니다. 닥쳐오는 어려움을 극복하는 데도 강인한 체력과 운동이 큰 도움이 됩니다. 제가 즐겨하는 운동은 달리기입니다. 달리기는 머리를 맑게 해주며 스트레스를 덜어주고 몸의 상태를 테스트해보기에 좋습니다. 공부하느라 스트레스가 쌓이고 체력 단련을 하고 싶다는 욕구가 일어날 때면 저는 간편한 복장에 러닝화를 신고 집을 나섭니다. 한참 뛰고 난 다음 되돌아오면 상쾌한 기분이 되어 다시 공부를 시작하는 데 도움이 됩니다.

믿음의 친구를 사귀라

학생 시절은 평생의 친구를 만들 수 있는 절호의 기회입니다. 아무래도 어른이 되고 나면 진정한 친구를 만나기란 어려울 것 같습니다. 그리고 가능하면 교회 안에서 서로 기도해주는 진정한 친구를 많이 사귀기는 것이 좋습니다.

처음 미국으로 건너왔을 때 미국의 친구들과 사귀기는 일은 매우 어려웠습니다. 그래서 한국인 친구들을 만날 수 있는 주일을 고대하곤 했지요. 학교에서 미국인 친구들을 사귀기까지는 오랜 시간이 걸렸습니다. 그러다보니 친구 간에 진정한 교분을 쌓는 일이 얼마나 힘들고 또한 중요한지 새삼 깊이 깨닫습니다.

서로를 위해 기도하고 격려해주는 친구를 갖는다는 것은 큰 축복입니다. 이런 관계는 우리가 그리스도인으로 성장해나가는 데 큰 도움이 되리라고 믿습니다. 우리가 크리스천으로서 누리는 삶은 교회 공동체 안에서 다른 크리스천들과 공유할 때 더욱 풍요로워지기 때문입니다. 그러나 동시에 그리스도의 사랑은 교회 공동체 내부에 한정되어서는 안 되며 비종교인은 물론 다른 교회의 그리스도인들과 더불어 반드시 함께 나누어야 합니다. 우리가 이런 인간관계를 희망하여 기도할 때 우리 하나님은 다른 사람과도 관계의 통로를 열어주시는 분이라고 믿습니다.

똑똑하다고 공부 잘하는 것은 아니다

저는 "가장 영리한 자만이 성공한다"(Only the smartest succeed)라는 말을 믿지 않습니다. 그런데 많은 사람들은 이 말을 그대로 믿고 가장 영리하고 똑똑한 아이들이 학교에서, 그리고 세상에 나가 성공할 확률이 높다고 생각하는 경향이 있습니다. 많은 동급생들이 제가 받은 좋은 점수를 보고 저를 매우 영리한 사람이라고 짐작합니다만 저는 인생에서 진정으로 훌륭한 점수란 지능과 관련이 있다고 생각하지 않습니다.

만일 공부와 높은 성적만이 성공의 조건이라면 성공했다고 말할 수 있는 사람은 그리 많지 않을 것입니다. SAT 만점과 하버드 입학이라는 행운을 얻었지만, 그래도 저는 제가 성공했다고 말하는 데 동의하고 싶지 않습니다. 제가 만약 성공한 사람이라면, 그것은 제가 하나님을 알았기 때문이며, 하나님을 안 뒤 열심히 공부하여 많은 사람들에게 도움을 주는 사람이 되고, 하나님께 영광을 돌리는 인생을 살겠다는 목표에 따라 최선을 다한 일 그 자체를 가리키는 말일 것입니다.

남들보다 재능이 뛰어난 것은 결코 성공이라고 말할 수 없습니다. 재능이 성공할 수 있는 잠재력인 것은 분명하지만 "무엇을 위해, 왜 성공하려고 하는가?"라는 목표가 불분명하거나 잘못되었다면 아무 소용이 없습니다. 혹은 성공하겠다는 욕구는 있어도 그 목표를 위해 노력하지 않는다면 그 역시 아무 소용도 없지 않겠습니까?

따라서 저는 '올바르게 성공하겠다'는 건전한 의지야말로 성공의 잠재력보다 더 중요하다고 믿고 있습니다. 다시 말해서 목적이 있고 강한 동기부여를 가진 사람이, 오히려 자기만의 은사(gift)를 사용하려는 의지는 없고 재능만 뛰어난 사람보다 사회에 공헌할 가능성이 훨씬 더 높다고 믿습니다. 문제는 노력입니다. 하나님 안에서 능력 주시는 대로 해내고야 말겠다는 의지가 중요합니다.

미국 역사상 가장 위대한 장거리 육상선수였던 스티브 프리폰테인(Steve Prefontaine)은 최선을 다하는 노력에 대하여 다음과 같이 설명하고 있습니다.

"최선을 다하지 못한 것은 주어진 은사를 희생시키고 마는 것이다"(To give anything less than your best is to sacrifice the gift).

누구에게나 하나님이 주신 달란트(은사), 선물이 있습니다. 그것을 활용하여 하나님께 영광을 돌려드리는 인생을 살기 위해, 지금부터 목표를 세우고 최선을 다해보십시오. 빠르고 영리하지만 게으른 토끼보다, 느리고 어리석지만 부지런한 거북이가 정상에 먼저 도달하는 법입니다.

공부란 정말 지겨운 것인가?

솔직히 저도 공부가 지겨울 때가 있습니다. 종종 공부가 즐겁지 않기도 했습니다. 그러나 공부를 지겨워해야 할 필요는 전혀 없습니다. 왜냐하면 모든 공부가 다 지겨운 것은 아니기 때문입니다. 아무리 공부를 싫어하는 사람이라도 무언가 한 과목쯤은 재미를 느끼고 좋아하게 마련입니다. 그러니까 몇몇 과목이 재미없다고 해서 다른 모든 과목에까지 흥미를 잃을 필요는 없습니다.

예를 들면 저는 생물학과 해부학 공부가 즐겁고 재미있습니다. 저와 달리 역사를 좋아하는 이들도 있을 수 있습니다. 그렇다면 생각을 바꿔서 내가 흥미를 느끼는 과목에서 얻는 공부의 즐거움과 요령을, 내가 지겹게 생각하는 과목에 적용해보면 어떨까요? 우리가 열심인 과목이 무엇이건 간에 그 열의를 다른 공부에 옮겨 활용할 수 있다면 더 큰 성공을 거둘 수 있고 더 재미있게 공부할 수 있을 것입니다.

사람이란 관심사가 모두 다르기 때문에 공통적으로 모든 과목에서 재미를 느낄 수는 없습니다. 하지만 흥미를 느끼지 못한다고 해서 공부를 포기하면 좋은 시험 점수를 얻을 수 없고 그 과목으로 얻을 수 있는 유익한 지식과 정보 또한 놓치게 됩니다. 아무리 관심이 없는 분야이거나 개인적으로 흥미가 없고 별 볼일 없어 보이는 강의, 혹은 책, 기타 다른 통로를 통해 얻은 정보일지라도, 직업상 또는 일상생활에서 부딪히는 문제를 좀 더 수월하게 해결하는 데 도움이 될 수 있기 때문입니다. 이런 마음가짐으로 모든 과목의 공부에 임한다면 그다지 관심이 없는 분야라도 지겹다고 느껴지지 않을 것입니다.

지겨운 공부와 싸우기

공부가 지겨워지는 진짜 이유는 공부를 왜 하는가 하는 목표의식이 희박해졌기 때문입니다. 어른들 역시 어떤 일을 오래 잘 해오다가도 어느 순간 슬럼프에 빠져서 그 일이 전혀 하고 싶지 않을 때가 있습니다. 대부분의 사람들은 그럴 때 그 분야의 일에 싫증이 났거나 주변 상황이 힘들어졌기 때문이라고 핑계를 대지만, 사실을 말하면 그 일을 처음 시작할 때 가졌던 목표의식을 잃어버렸기 때문일 가능성이 훨씬 더 높습니다. 마찬가지로 공부가 가장 힘들다고 생각되는 그때가 바로 공부하는 목적과 합당한 동기를 잃어가고 있을 때이지요. 이런 현상은 모든 사람들이 경험하고 있습니다. 때로는 다시금 동기를 부여받게 되는 데에 여러 날, 심지어 더 오랜 시간이 걸리기도 합니다.

가끔씩 공부가 힘들어지고 동기부여가 약해지면 저 역시 작은 유혹에도 쉽게 무너지곤 합니다. 그럴 때면 왜 공부를 해야 하는지, 공부를 통해 얻는 이득이 무엇인지 다시금 스스로 자문해보게 됩니다. 사람들은 목적을 상실했을 때 가장 심한 스트레스를 경험합니다. 한때 저도 그 문제를 해결하려고 심각하게 고민한 적이 있습니다. 어떤 때는 하나님조차 밑그림을 다시 그려주지 않으신다고 느껴질 만큼 하나님의 뜻을 다시 깨닫는 일이 힘이 들었습니다.

그러나 제가 사물을 전체적으로 올바르게 이해하게 되고, 기도를 통해 하나님의 도움을 간구하게 되자 마음에 평안이 찾아왔습니다. 하나님은 제가 공부하는 동기이자 목적이시며, 상상할 수 없을 만큼 우리 삶의 모든 형태에 영향을 미치시는 분이십니다. 저는 이 점을 믿고 있습니다.

솔직히 저는 해야 할 이유나 목적이 분명하지 않는 일을 하기 싫어합니다. 그렇지만 충분한 동기부여를 받지 못했을 때에도 일단 맹목적으로 공부에 매달립니다. 이 방법이 꼭 옳다는 것은 아닙니다. 그러나 그렇게라도 하지 않으면 귀중한 시간을 놓치게 되기 때문입니다.

압박감에서 해방되는 법

학업에 열중하다보면 때로 당연히 압박감이 따라옵니다. 많은 이들은 이 압박감에서 벗어나 해방될 날을 기대합니다. 특별히 학생들이 부모로부터 느끼는 압박감은 대단합니다. 왜냐하면 많은 부모님들이 자녀의 삶이 변화되는 것은 부모의 손에 달렸다고 믿고 싶어 하기 때문입니다. 선생님들도 학생으로부터 일정한 수준의 성취를 기대하고 있습니다. 급우들로부터 따돌림을 당할 경우 그 학생도 심한 압박감에 시달릴 것이 분명합니다. 시험이나 학교생활에서 느끼는 압박감도 적지 않습니다. 우리가 이런 압박감을 쉽게 피할 수 없다면 적어도 다룰 줄은 알아야 합니다.

학교에서 이미 상당히 좋은 성적으로 상위권에 도달해 있다면 우수한 성적을 계속 유지해야 한다는 데서 오는 압박감이 대단할 것입니다. 때로는 헤어날 수 없을 정도입니다. 그런 압박감은 그저 내가 최선을 다하고, 부족한 것을 하나님께 맡기고, 하나님이 준비해주시리라 믿고 간구하면 틀림없이 해소될 것입니다. 최선을 다한 다음 하나님의 도우심을 기대했지만 그 결과가 실망스러울 수도 있습니다. 그렇더라도 그 결과 때문에 스스로 괴롭게 해서는 안 됩니다.

압박감을 느낄 때 오히려 확고한 태도로 정면 승부하면 압박감은 거꾸로 커다란 자극제가 되어 다시 노력을 기울이는 데 도움이 될 수 있습니다.

혼자 힘으로만 노력해야 한다면 열심히 공부할 마음이 생겨나지 않을 수도 있습니다. 그러나 언젠가 열심히 공부하는 당신을 통해 장차 도움을 받을 사람이 많다는 점을 생각해보십시오. 당신의 꿈이 이루어져 다른 사람을 도울 수 있게 될 일을 꿈꾼다면, 미래를 준비하는 과정에서 느끼게 되는 공부에 대한 압박감 같은 것은 떨쳐버려야 합니다. 하나님의 영광과 당신의 도움을 기대하는 많은 사람들을 생각하며 인내하고 공부하도록 노력해야 합니다. 압박감 때문에 속 끓이기보다 오히려 동기를 유발하는 계기로 삼아봅시다. 꾸준히 기도하고 노력한다면 어렵고 복잡한 상황을 좀 더 올바르게 파악할 수 있으리라 믿습니다.

7장 공부에 효험 있는 전략적 학습 노하우

고등학교에 들어와 훌륭한 선생님으로부터 효과적인 학습법을 배우게 되었는데 그 학습법이 제게 매우 유익했습니다. 그 선생님이 '전략'이라고까지 표현한 학습법을 두 가지로 요약하면 '계획적인 예습'과 '요점 강조하기'입니다.

공부 전략

"공부에는 왕도(王道)가 없다"라는 말이 있습니다. 누군가 제게 공부에 지름길이 있느냐고 묻는다면 저 역시 공부에 지름길이란 없다고 말씀드리겠습니다. 공부는 머리로 하는 것이 아닙니다. "공부를 잘하려면 엉덩이가 거듭나야 한다"라고 재미있게 표현하시는 분도 있었습니다. 몇 시간이고 의자에 앉아 공부에 집중하지 않는다면 진정으로 공부하는 것이라고 말할 수 없기 때문에 그런 말이 나온 것 같습니다.

그러나 그것이 단순한 농담만은 아닙니다. 저도 그 말에 공감하고 찬성합니다. 공부에는 분명히 시간을 단축할 수 있고 오래 기억에 남도록 하는 요령이 있습니다. 그러나 어떤 공부법이든 일단 책상에 몸을 밀착시키고 의자에 들러붙어서 꼼짝 않고 적어도 3,4시간 이상 앉아 있을 수 있어야 효과를 볼 수 있습니다. 심지어 일단 공부방에 들어갔으면 하루 종일 그 방에서 나오지 않을 정도의 집중력이 필요합니다. '무식하다'라는 소리를 들을 정도로 공부에 시간을 투자하고 집중하는 태도가 필요하다는 것이지요. 저는 중고등학교를 거치면서 스스로 공부에 재미를 붙여 하루에 8시간씩 책상에서 꼼짝 안 하고 공부한 날도 많았습니다.

그런데도 많은 사람들은 제게 저만의 학습 노하우가 무엇인지 묻습니다. 그런 질문을 받을 때마다 저는 매우 난감해집니다. "그냥 열심히 했다"라는 말은 그들이 기대하는 답이 아닐 것 같았기 때문입니다. 저는 별다른 요령으로 공부한 기억보다 '무식하다'는 소리를 들을 정도로 외우고 모든 문제를 죄다 풀어보는 식의 불도저 형이기 때문입니다. 특히 중학교 때까지 그런 식으로 영어 단어를 외우고 암기과목을 공부했습니다. 그때는 그저 읽고 또 읽는 방법뿐이었습니다. 비록 시간이 걸리더라도 중도에 포기하거나 수시로 책상을 벗어나지 않고 공부할 범위를 끝까지 마치는 끈기가 있었지요.

그러다가 고등학교에 들어와 훌륭한 선생님으로부터 효과적인 학습법을 배우게 되었는데 그 학습법이 제게 매우 유익했습니다. 그 선생님이 '전략'이라고까지 표현한 학습법을 두 가지로 요약하면 '계획적인 예습'과 '요점 강조하기'입니다.

예습은 모든 학생들이 무슨 뜻인지 다 안다고 생각합니다. 그러나 과연 그럴까요? 흔히 한국의 많은 학부모들은 '선행학습'이라는 명목 아래 무조건 미리 앞당겨 공부해두면 좋을 것이라고 생각합니다. 물론 영어와 수학 등 선행학습이 어느 정도 유익한 과목도 있습니다. 그러나 모든 과목을 1년 혹은 2년, 아니 최소한 한두 달 앞서 무작정 미리 공부해둔다고 해서 효과적인 것은 아닙니다. 가장 바람직한 것은 학교에서 진행하는 학과 진도에 적절히 맞추는 전략적이고 계획적인 예습입니다. 즉, 예습에도 전략이 필요합니다.

예습은 반드시 수업시간에 선생님이 하실 강의 내용을 염두에 두고 해야만 합니다. 그러니까 수업이 있기 전에 수업 분량만큼 미리 시간을 정해 예습을 해두는 것이 효과적입니다. 경우에 따라서는 수업 하루 전에 할 수도 있고, 분량이 많거나 내용이 어렵다면 며칠 전 혹은 일주일 전부터 여러 번 반복해서 읽도록 학습 계획을 세우는 것입니다. 그렇게 하기 위해서는 선생님의 강의 계획을 미리 알아두어야 하고, 선생님의 강의 일정 역시 계획적이어야 합니다.

저는 고등학교에 들어와, 대학교에 가서 공부할 과목을 미리 공부하고 시험도 치르는 AP 과목으로 생물학을 선택하여 공부했습니다. 바로 그 생물학 선생님이 제게 이 전략적 예습법을 가르쳐주셨습니다. 여기 소개하는 전략적인 예습법과 효과적인 예습을 위해 요점을 강조하는 독서법은 그 선생님께 배운 것을 응용하고 직접 체험한 것을 토대로 정리한 것입니다.

전략적으로 예습하라

제가 공부한 AP 생물학은 대학에서 공부하는 수준의 내용을 미리 배우는 것이어서 어린 시절부터 해온 저의 평범한 학습법만으로는 공부할 범위를 따라잡기가 힘든 수준이었습니다. AP 과정에 도전하려니 공부의 양이 만만치 않았습니다. 그 양을 소화하기 위해서는 공부하는 전략이 훨씬 더 중요했습니다. 공부를 하려고 책상에 앉아 있기만 하는 것보다 어떻게 공부할 것인가를 미리 계획하고 전략(예습을 위한 학습계획)을 짜두는 것이 훨씬 중요하다는 말입니다. 선생님은 수업이 있을 때마다 이런 학습 전략을 기억하며 실천하고 있는지 확인하곤 하셨습니다.

선생님도 학창시절에 이 학습법을 익히기 전까지는 그저 평범한 학생에 불과했다고 합니다. 그러나 이 학습법을 터득하고 난 다음에는 전공인 생물학은 물론 다른 과학 과목에서도 모두 A학점을 받게 되었다고 하셨습니다.

사실 제가 이 분을 교사로서 존경하게 된 진정한 이유는 선생님께서 저희가 공부해야 할 단원에 대한 학습 계획표와 강의 계획을 미리 공개해주셨기 때문입니다. 학습 계획표를 통해 선생님은 향후 2~3주간 매일 공부할 학습 분량과 그 단원을 공부하는 데 시간이 얼마나 걸릴지도 구체적으로 알려주셨습니다. 덕분에 저는 제가 날마다 얼마만큼 공부해야 하는지 알 수 있어서 예습하는 데 큰 도움이 되었습니다.

선생님이 언제부터 새로운 단원에 들어가게 된다고 미리 말씀해주시면 학생은 잊지 않고 그 수업을 듣기 전에 그 단원의 교과서 내용을 한 번 이상 읽어두어야 합니다. 이것이 바로 그 선생님이 말씀하신 일종의 학습 전략이었습니다. 선생님의 수업 계획에 따라 학생이 철저한 예습으로 동참하는 것입니다.

예를 들어서 학생은 선생님이 첫 장을 가르치기 전에 첫 장을 혼자서 예습해둡니다. 다른 장들도 마찬가지입니다. 언제 얼마만큼 진도를 나가는지 확인하고 다른 장들도 똑같은 방법으로 그때그때 미리 공부해두어야 합니다. 수업이 끝나고 남는 휴식 시간에는 복습을 해둡니다.

수업을 듣기 전에 이처럼 예습을 해두는 것은 그 과목을 완벽하게 공부하기 위해 든든한 기반을 세우는 것과 같습니다. 이렇게 학습의 토대를 마련하고 수업에 임하면 학습 효과가 높아집니다. 선생님의 강의 내용이 생소하지 않으니까 수업시간에 이루어지는 학습은 학생 스스로 이미 한 번 공부한 내용을 복습하는 것이 될 수도 있습니다. 또 공부해야 할 내용 중에서 자기에게 어려운 부분이 무엇이며 어떤 점에 더 주목해야 할지 학생 스스로 잘 알게 됩니다. 그 범위를 다시 공부할 때마다 머릿속에 내용이 보강되어 더욱 분명하게 기억될 것입니다.

반면 예습을 하지 않고 그저 아무런 생각 없이 수업에 임하면 아무리 열심히 이해하려고 노력한다 해도 이해되지 않는 부분이 생깁니다. 학생은 수업 도중 여러 가지 새로운 사실을 발견해내겠지만, 그러는 사이에 선생님의 앞서가는 강의 내용의 요점을 놓치게 될 것입니다. 강의 분량과 진행 속도가 이해하는 속도와 맞지 않는다는 것이 문제입니다. 대부분의 강의는 예습을 전혀 하지 않은 학생이 이해하는 수준의 속도가 아닌, 선생님이 준비하고 이해하는 속도로 진행되기 때문입니다. 대다수 학생들이 이해한다고 전제하고 그 표준에 맞추어 강의가 진행되는 것이지요. 따라서 선생님이 수업시간에 강의할 내용을 전체 학생에게 가르치기 전에, 학생 스스로 그 부분을 예습하는 일이 필요합니다.

하이라이팅 : 요점 강조하기

예습은 일종의 자습입니다. 그런데 이 자습이 쉬운 일이 아닙니다. 특히 예습이 쉽지 않은 이유는 아직 충분히 이해하지 못한 새로운 내용을 혼자 힘으로 반복해서 보아야 한다는 부담감이 크게 작용하기 때문입니다. 그러나 무슨 책이든 요점(point)이 있게 마련이며 그 요점만 잘 정리하고 이해하면 전체를 아는 것과 마찬가지이니 이 점을 생각해본다면 자습이 반드시 부담스러운 일만은 아닙니다. 자습에도 요령이 있습니다.

예습을 위해 교과서나 문제집을 읽어나갈 때, 처음 읽는 내용이지만 금세 외워지거나 쉽게 이해가 되는 문장(혹은 단어)이 있는가 하면, 처음 알게 된 내용이 너무 생소하거나 또는 중요해 보이는 문장(혹은 단어)이 눈에 들어오게 될 것입니다.

즉, 이해가 되더라도 반드시 암기해두어야 한다고 생각되는 핵심 내용이 눈에 뜨일 것입니다. 그리고 처음 보는 말이거나 어려운 표현이라서 여러 번 반복해서 공부해야만 이해가 될 것 같은 부분도 있을 것입니다. 그럴 때 그 부분은 그냥 넘어가지 말고 형광펜을 사용해서 강조(밑줄 긋기)해둡니다. 두 번째 읽을 때는 빠른 속도로 그 부분만 다시 읽습니다. 그래도 여전히 이해가 되지 않거나 기억하지 못하는 부분이 있다면 그런 부분은 형광펜보다 진한 색깔의 색연필이나 색깔 볼펜을 사용해서 더 돋보이도록 강조해둡니다. 이때 단계적으로 사용하는 필기구의 종류는 각자 편한 대로 원칙을 정해서 사용하면 됩니다. 즉, 처음에 연필을 사용했다면 두 번째는 빨간색 볼펜, 그리고 세 번째로 색깔 형광펜을 사용하는 식으로 본인이 편한 대로 원칙을 정

The Chromosomal Basis of Inheritance 187

F₂ generation:

w^+w^+ ww^+
red-eyed ♀   red-eyed ♀   White-eyed trait was expressed only in the male, and all the F₂ females had red eyes.

w^+w w
red-eyed ♂   white-eyed ♂

How did Morgan deduce that the Drosophila eye color gene is located on the X chromosome?

Morgan deduced that eye color is linked to sex and that the gene for eye color is located only on the X chromosome. Premises for his conclusions were:

- If eye color is located only on the X chromosome, then females (XX) carry two copies of the gene, while males (XY) have only one.
- Since the mutant allele is recessive, a white-eyed female must have that allele on both X chromosomes which was impossible for F₂ females in Morgan's experiment.
- A white-eyed male has no wild-type allele to mask the recessive mutant allele, so a single copy of the mutant allele confers white eyes.

Sex-linked genes = Genes located on sex chromosomes. The term is commonly applied only to genes on the X chromosome.   *Sex-linked genes*

B. Linked Genes (p. 283-284)

What are linked genes? Why does linkage interfere with independent assortment?

Genes located on the same chromosome tend to be linked in inheritance and do not assort independently.

Linked genes = Genes that are located on the same chromosome and that tend to be inherited together.   *Linked genes*

- Linked genes do not assort independently, because they are on the same chromosome and move together through meiosis and fertilization.
- Since independent assortment does not occur, a dihybrid cross following two linked genes will not produce an F₂ phenotypic ratio of 9:3:3:1.

T.H. Morgan and his students performed a dihybrid testcross between flies with autosomal recessive mutant alleles for black bodies and vestigial wings and wild-type flies heterozygous for both traits. (A more detailed description follows in a later section.)

b = black body vg = vestigial wings
b^+ = gray body vg^+ = wild-type wings

b^+b^+vg $bb\ vg\ vg$
gray, normal wings × black, vestigial wings

- Resulting phenotypes of the progeny did not occur in the expected 1:1:1:1 ratio for a dihybrid testcross.

지인환 군이 공부한 생물학 교과서의 한 대목. 예습을 하면서 중요한 부분에 밑줄을 긋거나 형광펜으로 표시(하이라이팅)하고 메모까지 한 흔적이 있다.

하면 됩니다. 어쨌든 그렇게 하면 3번 이상 읽을 때 핵심이 더 정확히 보이고 자신이 무엇을 알고 무엇을 모르는지 명확하게 구분할 수 있습니다.

이 방법은 교과서나 참고서로 미리 예습할 때 특히 효과적이며 반드시 필요한 자습법으로, 제가 고등학교 때 만난 AP 담당 생물학 선생님으로부터 배운 것입니다. 그동안 제가 해왔던 반복적인 공부 습관에 선생님이 가르쳐주신 방법을 적용하니 매우 효율적으로 학습할 수 있었습니다. 선생님은 이 방법을 가리켜 '하이라이팅'(High Lighting)이라고 표현하셨습니다. 앞에서 설명한 방법대로 저는 교과서나 문제집을 공부하면서 한 번에 이해가 되지 않거나 중요해서 꼭 외워야겠다고 생각되는 문장이나 단어에 형광펜(혹은 색깔 볼펜)으로 밑줄을 그어가며 공부했습니다. 선생님은 이 방법이 대학생들이 책을 많이 읽어야 할 때 활용할 수 있는 방법이라고 일러주셨습니다. 대학생들은 단기간에 많은 분량의 책을 읽고 소화해야 하기 때문에 집중적으로 중요한 부분을 정리해두지 않으면 공부하기 어렵습니다. 모든 과목의 교과서나 문제집은 한 번 읽은 것만으로는 완벽하게 소화하여 이해할 수 없기 때문입니다.

공부가 잘 되지 않는 학생들은 공부 잘하고 높은 점수를 받는 학생들이 단 한 번에 공부를 끝낸다고 오해하곤 하는데 결코 그렇지 않습니다. 적어도 3~4회 이상 시험 볼 범위를 반복해서 읽고 이해되지 않거나 외워지지 않는 부분을 확실히 점검하고 지나가기 때문에 좋은 점수를 받는 것이지, 머리가 좋기 때문에 단 한 번의 공부로 끝내는 법은 결코 없습니다. 물론 저도 단 한 번 읽고 그 내용을 모두 암기하거나 이해한 적은 단 한 번도 없었습니다. 적어도 2,3번 이상 반복해서 공부해야 했습니다. 만약 어떤 친구가 단 한 번 읽은 것을 예습했다고 말한다면, 그것은 그가 아직도 예습이 무엇인지 정확하게 모르고 있는 것입니다.

그런데 문제는 서너 번 반복해서 열심히 공부하더라도 매번 처음 공부하는 것처럼 교과서의 모든 내용을 되풀이해서 읽는 일은 시간 낭비 같고 지루하다는 것입니다. 읽을 때마다 내가 무엇을 알고 있고 무엇을 모르고 있는지 구분이 되어야 공부 속도도 빨라지고 공부에 보람과 흥미를 느끼게 됩니다. 반복하면 할수록 이전에 외워지지 않았거나 이해되지 않았던 부분에 자신감이 생겨야 진정한 예습이자 공부라고 할 수 있습니다. 따라서 교과서나 참고서로 공부할 때, 1차 예습을 통해 이해한 부분과 그렇지 못한 부분을 구분하기 위해 요점을 강조해두는 것이 이 '요점 강조하기'(하이라이팅)의 핵심 원리입니다.

즉, 아는 것(혹은 중요한 것)을 그렇지 않은 것과 구분할 목적으로, 외우거나 이해할 문장과 단어에 밑줄(혹은 형광펜 표시)을 그어가면서 책을 읽으라는 것입니다. 그러면 두 번째나 세 번째 읽을 때는 이미 이해했고 외운 문장은 무시하고 여전히 반복해야 할 부분만 집중적으로 빠르게 읽고 지나가면 됩니다. 그렇게 되면 서너 번째 읽을 때는 매우 빠른 시간 안에 전체 내용을 복습할 수 있게 됩니다.

그러면 어떤 책이나 교과서를 처음 읽을 경우에도 강조할 부분을 손쉽게 찾아낼 수 있을 것입니다. 교과서를 읽어나갈 때 복습할 필요가 있는 부분을 강조하면 됩니다. 이미 알고 있는 정보나 혹은 이미 기억하고 있는 것은 표시할 필요가 없습니다. 이렇게 해두면 수업 도중에는 물론 그 부분을 예습하기 전에도 그 부분을 강조해둘 수 있을 것입니다.

교과서를 공부하면서 밑줄 혹은 형광펜으로 강조할 요점을 기록했다면 항상 강조한 부분을 반복해서 보아야 합니다. 밑줄 한 번 그었다고 공부가 끝난 것은 아닙니다. 요점을 강조했으면 단 20분만이라도 매일 복습해야 합니다. 복습할 때마다 각기 다른 색깔의 펜을 사용해서 교과서에 반복적으로 표시해두십시오.

두 번째로 자료를 훑어볼 때는 강조되지 않은 어구들은 무시하고 강조되는 어구들만 숙독하십시오. 해당 장을 다시 훑어보다보면 새로운 개념이라도 자신이 이미 기억하고 있다는 것을 발견할 때가 있습니다. 그러면 마음이 편안해지고 기분이 좋아지는 것을 느낄 수 있습니다. 그래도 역시 불확실한 내용이 남아 있을 수 있으니 한 번 더 복습이 필요한 부분이라고 생각되면 빨간 펜으로 밑줄을 그으십시오. 이런 기법을 되풀이하여 응용한다면 시간을 절약하면서 공부해야 할 학습량 역시 줄일 수 있을 것입니다.

그런데 이런 과정을 거치려면 사실상 선생님의 학습 진도 계획을 정확하게 이해해둘 필요가 있습니다. 다음 시험의 범위가 어디까지인지 정도는 분명히 파악해두라는 말입니다. 물론 선생님이 강의계획표를 나눠준다면 더욱 좋습니다. 제가 만난 생물 선생님은 공부할 때 잊지 말아야 할 요점을 항상 체크해주었고 각 장을 언제 강의하겠다고 미리 말씀해주시곤 했습니다. 또 선생님은 학생들이 교사와 함께 그 학습 범위를 공부할 준비가 되어 있다는 점을 확인하고 싶어 하셨습니다. 그래서 강의가 있는 날이면 그날 공부할 범위를 미리 예습했다는 표로 학생들의 교과서에 '하이라이팅'이 되어 있기 바라셨습니다. 그날 들을 수업 내용을 요점 강조하기 방법으로 예습해놓으면 핵심이 쉽게 이해되고 미리 예습했던 부분 가운데 충분히 이해하지 못했던 부분까지 완벽하게 이해할 수 있고 심지어 수업시간이 복습하는 시간이 될 수 있을 만큼 효율적으로 공부할 수 있습니다.

시험 대비 카드 공부법

밑줄을 그을 때 주의할 점 몇 가지를 정리해보겠습니다.

가장 중요한 것은 꼭 필요한 문장에만 밑줄을 그으라는 것입니다. 모든 문장에 밑줄을 긋는 것은 무의미한 일입니다. 반드시 중요해 보이는 문장이나 단어, 혹은 외워야 할 새로운 부분에만 밑줄을 긋도록 합니다. 그러므로 처음에는 편한 마음으로 공부할 범위를 처음부터 끝까지 읽습니다. 읽는 도중에 이해가 되는 말은 그냥 지나갑니다. 처음 밑줄을 칠 때는 가급적 연필이나 밝은 색깔의 형광펜을 활용하는 것이 좋습니다. 두 번째로 한 번 더 읽을 때에는 좀 더 진한 색깔의 볼펜으로 아직 외워지지 않았거나 이해되지 않은 부분에만 밑줄을 그어가며 공부합니다.

교과서 내용 가운데 처음 들어보는 말이나, 쉽게 외워지지 않는 문장에는 반드시 밑줄을 치는 것이 좋습니다. 그런 다음 시험 전 3주일 동안 계속 반복해서 복습할 때는 공부하는 속도를 높여서 밑줄 친 것만 읽으면 됩니다. 밑줄 치지 않은 것은 시험에 문제가 나오더라도 금세 답을 풀 수 있을 정도로 자신이 이미 정확히 이해했거나 벌써 다 외운 것이기 때문에 그것으로 더 이상 시간낭비하지 않게 됩니다. 그리고 반복해서 읽을 때마다 강조한 것 중에서도 가장 진한 색으로 표시한 부분만 다시 읽습니다.

이렇게 하면 시험이 가까워지더라도 공부해야 할 분량은 점차 줄어듭니다. 교과서의 시험 범위 안에서 자기가 이해되지 않았거나 외워지지 않는 것이 무엇인지 분명하게 눈에 보이기 때문에 밑줄을 많이 친 것 위주로 반복해서 읽기만 하면 되기 때문입니다. 그러면 시험이 다가오더라도 전혀 불안하지 않고 오히려 자신감을 가질 수 있습니다.

반복해서 줄친 부분만 중점적으로 읽고 외울 경우 나타나는 효과가 있습니다. 그만큼 시험을 앞두고 해야 할 공부의 부담이 적어진다는 것, 그래서 시험 전날에는 편안하고 차분한 마음으로 밑줄 친 부분만 읽어보면 된다는 점입니다.

　이제부터는 밑줄 친 부분만 노트나 종이에 옮겨 적어서 무거운 교과서 대신 들고 다니며 보는 '페이퍼 학습법'을 응용하는 것이 좋습니다. 여선구 선생님이 쓴 「페이퍼 학습법」이라는 책을 보며 저는 페이퍼 학습법이 제가 배운 학습법과 비슷하다는 것을 알 수 있었습니다. 그 분은 저처럼 교과서를 읽어가며 밑줄을 그은 다음, B4 사이즈 복사지를 세로로 반을 접어 2단으로 공부한 내용의 요점을 정리하여 반복해서 보라고 권합니다. 그런데 페이퍼를 정리하려면 기본적으로 교과서를 반복해서 보아야 하고 두세 차례 밑줄을 치는 과정을 거쳐야만 합니다. 제가 배우고 활용한 밑줄 치기 방법도 마찬가지 원리입니다. 저희 생물학 선생님은 반드시 노트 정리까지 하라고 말씀하시지는 않았습니다. 하지만 노트 혹은 종이에 밑줄 친 부분만 옮겨 적어 그것을 반복해서 본다면 밑줄 친 교과서를 보는 것보다 훨씬 더 시간을 줄일 수 있을 것입니다.

　저는 페이퍼 대신 주로 카드를 활용했습니다. 손바닥만한 카드에 시험에 대비해서 반드시 암기해두어야 할 필요가 있는 요점을 정리한 다음 들고 다니며 반복해서 보았습니다. 이렇게 하는 이유는 공부할 범위를 모두 외우려고 하지 말고 그 가운데서도 반복해서 암기해야 할 부분에 먼저 우선순위를 두는 것이 좋기 때문입니다.

　예를 들어서 생물학을 공부한다고 합시다. 식물 해부에 관한 부분에 등장한 새로운 용어의 정의와 중요성에 대해 알아두어야겠다고 생각했다면 색인(목록)카드의 앞면에 그 용어를 써두고 뒷면에는 설명을 기록합니다. 매번 새로운 시험 범위를 공부하기 시작할 때마다 즉시 이런 카드를 만드십시오. 그런 다음 시간이 날 때마다 그 카드를 다시 꺼내보는 겁니다. 이렇게 카드를 준비하려면 시험 보기 며칠 전, 심지어 보름 전부터 예습을 통해 요점을 정리하는 준비를 해야 합니다.

그러나 이렇게 미리 시험에 대비한다는 것은 쉬운 일이 아닙니다. 시험 보기 오래 전부터 진지하게 공부해둔다는 것이 쉽지 않다는 것을 저는 자주 느꼈습니다. 교과서를 읽으려고 애써 자리에 앉아보지만 "시험이 아직 일주일에서 이주일이나 남았는데 미리 공부할 필요가 있을까?"라고 자문하며 게을러지기 딱 좋을 때입니다. 그러나 이럴 때일수록 여유 있게 예습하고 요점 정리를 한 다음, 그 요점을 카드로 정리해두는 것이 좋습니다. 책 속에 나오는 모든 단어 하나하나를 교과서로 반복해서 읽는 대신 미리 카드(또는 노트)를 만들어두는 것이 제가 하는 가장 효과적인 시험 대비책입니다. 노트 혹은 카드가 준비되면 반복해서 공부하기가 훨씬 쉬워집니다.

카드(또는 접은 노트)는 늘 가지고 다닐 수 있기 때문에 수시로 다시 볼 수 있습니다. 등교시간, 점심시간, 줄을 서서 기다리는 동안에도 카드를 꺼내 읽을 수 있지만 교과서는 아무 데서나 펼쳐보기 불편합니다. 틈이 날 때마다 카드를 다시 읽으면서 보내는 몇 십 분의 시간 활용이 두꺼운 교과서나 참고서를 붙들고 있는 것보다 기억하는 데도 훨씬 더 도움이 됩니다. 틈나는 시간에 이런저런 카드를 꺼내 편한 기분으로 단숨에 읽으면서 시험 범위에 대한 기억을 강화해나갈 수 있기 때문입니다.

그런 점에서 이 방법은 벼락치기 공부, 오랫동안 무작정 책을 반복해서 읽는 우직한 공부방법보다 훨씬 효과적입니다. 시험 보기 며칠 전부터 벼락치기 하는 것보다, 미리 짧게 자주 공부하는 것이 더 낫다는 말입니다. 단, 카드 정리는 열심히 했는데 그 카드를 만들었다는 것으로 만족하고 다시 보지 않으면 무용지물입니다. 일단 정리했으면 교과서는 접어두고 카드를 보십시오.

시험 사흘 전, 모든 시험 준비를 완료하라

제게 전략적인 예습과 요점 정리 및 카드 활용법 등 효과적인 학습법을 가르쳐주신 선생님은 또한 시험을 준비하는 시간관리 방법도 일러주셨습니다. 선생님은 학생들이 효과적으로 공부할 수 있도록 학기 중에 공부할 범위를 미리 알려주셨습니다. 바로 예습을 해두라는 뜻이었습니다. 막연하게 범위만 일러주는 것에 아니라 시험을 치르기 3주 전에 3주일 동안 날마다 공부할 스케줄까지 알려주셨습니다. 그런 다음 선생님의 강의 내용과 공부할 부분을 날마다 수첩에 기록해놓도록 하셨습니다. 그리고 그 계획표를 보고 날마다 무엇을 공부해두어야 할지 미리 생각하면서 공부하라고 일러주셨습니다.

예를 들어 3주간 90페이지 분량의 범위를 공부하도록 일러주셨다면 토요일과 주일을 제외하고 15일 동안 90페이지 분량을 예습해야 한다는 계산이 나옵니다. 그러면 날마다 평균 6페이지씩 예습을 해나가면 됩니다. 물론 첫 번째 주에는 공부할 분량을 많이 잡았다가, 두 번째 주에 빠르게 요점만 읽어나가면 공부하는 분량과 속도는 점점 빨라지게 됩니다. 그런 식으로 계획에 따라 공부하는 것이 매우 효과적이었습니다. 그러지 않고 몰아서 예습하려고 하면 시험을 앞둔 날 너무 큰 부담이 되어 아예 포기하게 됩니다. 따라서 벼락치기로 많은 범위를 한꺼번에 공부하려고 하지 말고 시간 계획을 세워서 조금씩 꾸준히 예습하는 훈련을 하는 것이 좋습니다.

그렇게 하려면 가장 먼저 전체 시험 범위를 가볍게 빠른 속도로 읽어보아야 합니다. 편한 마음으로 교과서를 읽으면서 연필로 밑줄을 긋기도 하고 형광펜으로 중요한 부분을 하이라이팅하기도 합니다. 그런 다음 시험 날짜를 몇 주 앞둔 때부터 자세히 공부해야 할 분량을 나눠 날마다 공부해나갑니다.

그런데 이 방법은 앞서 말한 요점 강조하기 학습법과 병행해야 합니다. 말하자면 첫 번째 주에는 정독을 해야 하기 때문에 날마다 공부할 분량을 적게 잡습니다. 하지만 일단 한 번 읽은 다음에는 요점 정리가 된 부분만 다시 읽으면 되기 때문에 두 번째 주부터는 분량이 많아지는 대신 공부하는 시간은 줄어들게 되는 것이지요. 세 번째 주에는 핵심만 카드에 정리하여 그 카드만 반복해서 공부합니다. 이렇게 하다 보면 시험이 다가올수록 점차 공부하는 속도를 빨리 할 수 있습니다. 밑줄 치는 방법, 시간관리를 병행하여, 시험 보기 전에 공부할 스케줄을 잘 잡는 공부 계획은 참으로 중요합니다.

시험 보기 사흘 전까지 모든 공부를 끝낼 것을 목표로 스케줄을 잡는 것이 좋습니다. 시험 전날까지 공부해야 할 분량이 남아 있으면 마음에 부담이 되어 좋은 점수를 얻기 힘듭니다. 예를 들어서 어떤 과목의 시험이 금요일에 있다면 시험 보는 날이 금요일이 아니라 수요일이라고 생각하라는 것입니다. 마음속으로 수요일이 시험 보는 날이라고 생각하고 화요일까지 공부를 끝내놓습니다. 지나치게 환상적이고 이상적인 방법이라고요? 그렇지 않습니다. 저도 종종 중요한 시험을 하루 앞두고 교회 행사나 주일학교 봉사 때문에 시험공부를 못할 때가 많았는데, 이렇게 미리 예습하는 훈련을 해왔기 때문에 실제로 크게 지장을 받지 않았다고 생각합니다. 또 그런 식으로 시간관리를 하며 공부해두면 실제로 시험 보기 전 사흘 동안은 시험에 대한 스트레스를 훨씬 적게 받습니다. 시험 볼 때 준비가 안됐다는 마음으로 시험을 치르면 아는 것도 틀릴 수 있습니다. 시험 보기 하루 전날에는 학교에서 밑줄 친 것만 복습하다가 미처 이해하지 못했거나 암기가 덜 된 부분만 좀 더 여유 있게 읽어보는 것으로 충분합니다.

시험을 보기 전에 날마다 시간과 공부할 분량을 정하는 학습 계획표를 'Flow Chart'(학습 진도계획표)와 'Time Schedule'(시간계획표)이라고 하는데, 학습 계획표를 미리 잘 세워서 한 눈에 알아볼 수 있도록 책상 위나 벽에 붙여두면 좋습니다. 그 계획표를 보면 스스로 시간 관리하기가 쉬워지기 때문입니다.

수업시간에는 원칙적으로 노트 쓰기 금지!

밑줄을 치고 교과서를 반복해서 보는 것만으로 학습 효과가 부족하다고 생각되면 앞서 말한 대로 노트나 종이(페이퍼) 혹은 카드에 밑줄 친 내용을 중심으로 정리해서 요약노트를 작성하는 방법을 활용해보십시오. 시험이 닥쳐올 때 밑줄 친 교과서를 다시 보는 것보다 스스로 이해하고 정리한 노트 혹은 카드를 보는 편이 훨씬 낫기 때문입니다.

그러나 노트 작성 못지않게 중요한 일이 있습니다. 바로 수업시간에 선생님의 강의에 집중하는 것입니다. 수업시간에는 노트에 강의내용을 받아 적는 것보다 선생님의 말씀을 집중해서 들어야 합니다. 수업시간에 필기에 신경을 쓰다보면 정작 중요한 내용을 놓칠 수 있기 때문입니다. 제아무리 노트 필기를 빨리 한다고 해도 선생님이 말씀하시는 말의 속도를 따라잡기는 어렵습니다. 글씨까지 예쁘게 쓰려고 신경을 쓴다면 더더욱 문제가 될 수 있습니다. 노트 정리를 열심히 잘하는 학생이 시험 성적은 그다지 좋지 않을 때가 많습니다. 모든 내용을 정리하기는 했는데 그 내용 중 핵심이 무엇이고 무엇이 시험에 나올지 알 수 있을 만큼 강의 자체에 집중하지 못했기 때문입니다.

수업을 들을 때 역시 이미 책에 있는 내용이나 그 자리에서 알아들은 말을 굳이 노트에 옮겨 쓸 필요는 없습니다. 예습을 했다면 더더욱 그렇습니다. 그런데 만일 선생님의 강의를 듣다가 교과서나 참고서에서 보지 못한 내용이 언급된다면 반드시 적어두어야 합니다. 그럴 때라도 준비한 빈 노트에 메모하듯이 개략적으로 받아 적으십시오. 수업 중 노트에 강의 내용을 기록할 때에도 가급적 완벽한 문장으로 쓰려고 애쓰지 마십시오. 수업시간에 노트를 정리하는 데 신경을 쓰는 것은 시간낭비이고 어리석은 일입니다. 다음번에 보았을 때 무슨 말을 적었는지 기억할 수 있을 만큼의 단어 나열만으로도 충분합니다. 그 수업이 끝난 다음 그 단어만 읽어보아도, 또는 복습할 때 스스로 문장으로 기록할 수 있을 정도면 됩니다. 이것을 '기억의 열쇠고리'라고 표현하는데, 단어 하나를 기억하거나 메모해두면 그와 관련한 모든 내용이 다시 기억나는 것을 뜻하는 말입니다. 수업시간에는 선생님이 하시는 말씀에 온 신경을 집중하십시오.

수업시간이 중요한 이유는 수업시간에 선생님이 강의한 내용이 시험문제로 나오는 중요한 내용이기 때문입니다. 예습을 하거나 혼자 책을 읽을 때 이해하지 못했던 내용도 선생님의 강의를 듣다보면 깨닫게 됩니다. 그때 노트를 적극 활용하는 것이 좋습니다. 처음 배우는 모르는 내용이 나오면 계속 메모해둡니다. 그런 다음 과목별 노트 정리는 방과 후나 쉬는 시간에 복습 차원에서 정리해두는 것입니다.

강의 들으며 메모하는 요령

강의를 들으면서 메모하는 법을 올바르게 알아두는 것은 매우 유용합니다. 반대로 수업시간에 메모를 잘못 하면 오히려 역효과가 날 수도 있습니다. 메모의 핵심은 쓰기보다 듣기에 더 많은 시간을 할애하려는 데 있습니다. 학생들 가운데는 수업시간에 메모를 너무 많이 하는 사람도 있고 전혀 하지 않는 사람도 있습니다. 그런데 수업시간에 메모를 전혀 하지 않고 강의만 듣는 사람이 반대로 노트를 많이 하는 학생들보다 강의 중 더 많은 것을 배울 가능성이 높습니다. 왜 그럴까요? 노트에 적어야겠다는 마음에 사로잡히면 선생님이 하시는 말씀 가운데 중요한 요점을 놓칠 수 있기 때문이죠. 그러나 노트를 전혀 사용하지 않는 것 또한 어리석은 일입니다. 「메모의 기술」이라는 책을 보면 "잊어버리기 위해 메모한다"라는 말이 나옵니다. 그것은 메모(노트 활용하기)를 통해 잊어버리자는 것이 아니라, 중요한 것은 기록해두고 그 다음에 머리를 비워서 더 많은 중요한 것들을 머리에 담아두고 실천할 수 있는 가능성을 열어두기 위해서입니다. 따라서 저는 수업시간이나 요점정리를 중심으로 예습할 때 다음과 같은 방법으로 구분해서 노트합니다.

반드시 메모하려고 할 때는 완전한 문장으로 쓰려고 하지 말고 배웠던 것을 상기해내기에 충분한 중요 단어만 쓰도록 합니다. 또 구절을 모두 쓰기보다 삽화나 도표(도해) 형식으로 표현하는 것이 좋습니다. 생략어 혹은 줄임말을 활용하면 메모하는 시간을 절약할 수 있습니다. 이해하기 쉽거나 명백한 사항을 메모하는 데 지나치게 신경 쓰지 마십시오. 강의가 끝나고 나면 강의 내용을 잊어버리기 전에 즉시 메모한 노트를 검토하여 어구를 채워넣거나 첨가하여 문장을 완성해둡니다. 그렇게 하지 않으면 며칠 뒤 보았을 때 본인이 적어둔 메모의 내용을 분간하지 못할 수 있기 때문입니다.

스크래치 페이퍼 활용하기

핵심을 정리하는 노트와는 별도로 자습할 때 필요한 '끄적거리기' 노트 활용법을 소개해보겠습니다. 저는 이럴 때 사용하는 노트나 종이를 '스크래치 페이퍼'(scratch paper)라고 말합니다. 말 그대로 낙서하듯이 외워야 할 단어나 문장을 마구잡이로 반복해서 쓰기 위해 준비해둔 노트나 종이를 말합니다. 끄적거리기 때문에 때로는 종이에 구멍이 날 정도로 반복해서 쓸 때도 있고 노트가 새까매질 때도 있습니다.

교과서에 밑줄을 치고 읽어나가면서 예습할 때에도 저는 항상 옆에 빈 무지노트나 종이를 쌓아둔 다음 외워야 할 문장이나 단어가 나오면 그것을 종이가 닳을 정도로 반복해서 쓰곤 합니다. 생물학에는 이상한 단어가 많이 나옵니다. 처음 보는 단어가 너무 많아서 새로 외워야 할 단어도 많아집니다. 그러면 그 단어 아래 밑줄을 긋고 나서 그 단어에 대한 정의(定義)를 읽고 계속해서 머리에 남도록 그 단어를 쓰고 또 씁니다. 영어 공부를 할 때에도 전에 몰랐던 새로운 단어가 나오면 별도로 단어장에 기록한 다음 즉석에서 수십 번이고 반복해서 쓰며 외웁니다.

이 방법은 교과서를 읽어가면서 동시에 중요한 단어를 발견하여 암기하는 데 큰 도움이 됩니다. 저는 공부할 때 이렇게 계속해서 뭔가 쓰는 것이 습관화되어 있습니다. 시험 볼 때 그렇게 종이에 반복해서 써본 단어가 나오면 그 뜻이 바로 생각납니다. 물론 평소 공부를 할 때 많이 써본 단어이기 때문에 철자도 정확하게 쓸 수 있습니다. 그 뜻까지 노트에 반복해서 써보았기 때문에 기억에 오래 남습니다. 속으로 생각하며 외우려 하면 그때뿐, 금세 잊어버리기 십상입니다. 따라서 기억에 오래 남기려고 한다면 똑같은 단어를 쓰고 또 써보는 것이 좋습니다. 노트 혹은 카드를 만들면서 동시에 한 손으로 반복해서 써보는 것이 오래 기억하는 데 매우 효과적입니다.

8장 영어 수학 실력을 높여주는 생생 학습법

영어 단어를 암기할 때는 문장과 함께 단어를 암기하는 것이 효과적입니다. 따라서 저는 특별히 독서를 통한 영어공부에 신경을 썼습니다. 수학은 아무리 어려워도 반드시 이해한 다음 더 어려운 다음 단계로 넘어가는 것이 중요합니다.

단 한 줄도 그냥 넘어가지 않는다?

생물 선생님을 만나 요점을 정리하고 예습하는 학습법의 위력을 체험하기 전까지 저의 공부 스타일은 우직하게 책 내용을 한 글자도 빼놓지 않고 반복해서 보고 또 보는 것이었습니다. 심지어 선생님으로부터 그 방법을 전해들은 다음에도 곧바로 그 방법을 따르지 않을 정도로 저는 제가 중학교 때부터 공부해온 저만의 우직한 스타일을 한동안 고집했습니다. 시간이 얼마나 걸리든 그냥 내가 하고 싶은 방법을 고수했습니다. 저 같은 경우에는 계속해서 똑같은 부분을 몇 번씩 반복해서 볼 경우, 책을 볼 때마다 그 내용을 내가 알고 있다는 것을 확인하는 것이 즐거웠습니다. '아, 내가 이 부분을 충분히 알고 있구나'라고 느껴지면 기분이 좋아졌고, 공부가 잘된다는 느낌이 들었습니다. 또 그렇게 우직하게 공부해야만 어려운 일도 잘할 수 있다고 스스로 생각했습니다.

어떤 부분에서 이해가 안 되면 결코 지나가는 법이 없었습니다. 남은 부분을 공부할 시간이 아무리 부족해지더라도 확실하게 알아야만 넘어가곤 했으니까요. 저는 돌아가는 법 없이 우직하게 직선도로만 고집했습니다. 도착하는 시간이 늦어지든 말든 눈앞에서 해결되지 않는 그 문제의 해결에만 집착했던 것이지요.

저는 그런 저의 태도에 반드시 문제가 있다고 생각하지는 않습니다. 그렇게 집요하게 공부했기 때문에 아무리 어려운 문제라도 분석하고 이해할 수 있는 능력을 갖추게 되었다고 생각하기 때문입니다. 하지만 부작용도 많았습니다. 어느 날 쉽게 풀리지 않는 문제가 있거나 문장 가운데 단 한 줄이라도 이해가 되지 않으면 저는 그것을 가지고 1시간 이상 고민하기도 합니다. 설령 다음 날 시험이 있고 아직 공부할 게 더 많이 남아 있더라도 지금 이해되지 않는 그 문제를 해결하려고 많은 시간을 허비하며 스트레스도 적지 않게 받곤 합니다.

그렇지만 그 선생님으로부터 그렇게 하면 안 된다고 배웠습니다. 모르면 밑줄을 쳐두고 다음번에도 계속 밑줄을 쳐가며 공부하다보면 언젠가는 이해하게 되고, 그렇게 공부해야만 공부할 전체 범위를 정한 시간 내에 전부 다 공부할 수 있는 일거양득의 효과를 얻을 수 있다는 것을 알게 된 것입니다. 가장 중요한 것은 자신에게 가장 적합한 공부 방법을 찾는 것입니다. 아무리 열심히 공부하더라도 효과가 없고 성적이 오르지 않는다면, 혹 자신의 공부 방법에 어떤 문제점은 없는지 심각하게 점검해보아야 합니다. 만일 자신이 집중할 수 있고 무엇보다 효과적인 방법을 찾았다면 다른 사람들의 말에 지나치게 귀 기울일 필요 없이 자신에게 적합한 그 공부 방법을 고집할 필요가 있습니다. 저는 제 나름대로의 공부 방법을 찾았습니다. 여러분도 나름대로 자신에게 적합한 공부 방법을 찾으려는 노력을 하기 바랍니다. 제가 영어와 수학 등 주요 과목을 공부하면서 발견한 제 나름대로의 공부법이 여러분 스스로 적합한 공부 방법을 찾는 데 참고가 되기 바랍니다.

영어공부, 반복하고 암기하라

많은 분들이 제게 영어 공부하는 법을 물어보십니다. 다른 과목과 마찬가지로 영어 공부 역시 지름길이 따로 없습니다. 영어는 계속해서 꾸준히 하는 것이 중요합니다. 어려서부터 영어 조기교육을 시작했더라도 중간에 멈추면 의미가 없습니다.

처음에는 흥미 위주로 그림과 단어를 조합해가며 중요한 기초 단어를 머릿속에 충분히 넣어두는 것이 좋습니다. 중고등학교 시절에는 자기가 아는 단어 실력으로 독해가 가능한 책보다는 약간 어려운 단어가 종종 눈에 띄는 수준의 책을 보았는데 그것이 도움이 되었습니다. 글을 읽다가 모르는 단어가 보일 때마다 단어장에 기록해두고 노트에 그 단어를 수십 번씩 반복해서 써보았습니다. 저는 그 자리에서 그 단어를 무조건 외우고 지나간다는 각오로 공부했습니다.

영어를 공부할 때는 먼저 단어를 외우는 것보다 문장을 통째로 외우는 것이 좋습니다. 문장을 통째로 외워버리면 시험을 볼 때 틀린 문장 유형과 맞는 문장 유형을 구별하기가 쉬워집니다. 일단 영어는 중요한 문장을 암기해놓으면 수학과 달리 공식과 같은 문법을 일일이 떠올리지 않더라도 거꾸로 문법의 원리를 쉽게 이해할 수 있는 과목입니다. 그래서 외운 문장을 다시 써보면서, 그 문장에서 각 단어가 어떻게 활용되고 있는지, 어떤 단어들이 모여서 그 문장을 구성하고 있는지 연구하는 방법으로 공부하면 문법을 정리하는 데 도움이 됩니다.

특히 SAT를 준비하며 단어 공부를 할 때는 기본적으로 10년간 SAT 기출 문제집에 나온 단어를 암기했습니다. 기존의 참고서나 문제집 외에 새로 나온 다른 책이 없는지 찾아보고 그 책으로 공부하면 새로운 문제 유형뿐만 아니라 다양한 단어를 암기할 수 있어서 좋습니다. 책에 나오는 단어를 마스터했으면 그 다음으로는 인터넷에서 단어를 검색하여 책에 나오지 않는 단어까지 찾아서 공부합니다. 이때 새롭게 찾은 어려운 단어란 보통의 미국 사람들조차 쓰지 않는 단어이며 심지어 학교 선생님들도 잘 모르는 단어를 말합니다.

영어 단어, 독서를 통해 암기하라

영어 시험을 준비할 때는 단어 실력을 키우는 것이 급선무입니다. 우리가 제아무리 똑똑해도 단어를 암기하지 않을 경우 모르는 단어는 그냥 모르고 마는 것입니다. 천재라 할지라도 처음 보는 단어의 의미를 알 수는 없습니다. 단어는 무조건 미리 외워두든지, 아니면 평소 원서를 많이 읽으면서 별도로 외워두는 수밖에 없습니다.

한국 사람들도 국어사전에 나오는 아름다운 한국어 단어를 모두 아는 것은 아닙니다. 마찬가지로 미국 사람들도 영어사전에 기록된 영어 단어를 모두 알지는 못합니다. 한국 사람이나 미국 사람이나, 공부를 많이 하고 책을 많이 읽은 만큼 그 나라의 단어를 많이 알게 되는 것이지요. 보통사람들은 어휘력이 풍성한 작가들이 쓴 글을 읽은 다음 사전을 찾아가며 '아, 이런 단어도 있었구나. 이런 뜻이구나!' 라고 압니다. 별도로 공부하지 않는다면 그런 단어를 알 수도 없고 기억하지도 못할 것입니다.

특히 SAT 시험에는 미국 사람들이 일상적으로 사용하지 않는 특별한 단어들도 많이 나옵니다. 그렇기 때문에 저는 SAT 시험에 대비하여 가장 철저히 해야 하는 공부가 단어 암기라고 생각했습니다. 더욱이 저는 영어가 모국어가 아니기 때문에 다른 사람들보다 더 철저히 영어 단어를 암기하려고 노력해야만 했습니다.

영어 단어를 암기할 때는 문장과 함께 단어를 암기하는 것이 효과적입니다. 따라서 저는 특별히 독서를 통한 영어공부에 신경을 썼습니다. 미국 학생들 가운데 평소에 그다지 공부를 많이 하는 것처럼 보이지 않는데도 막상 SAT 점수가 잘 나오는 학생들은 대개 어릴 때부터 책을 많이 읽은 학생들입니다. 아무리 어려운 단어라도 자신이 읽은 책에서 본 단어라면 시험을 보면서도 기억이 납니다. 또 책을 읽어서 안 단어라면 단지 단어만 외울 때보다 기억에 오래 남습니다. 그래서 저는 책을 많이 읽어야 한다는 생각에 소설책도 많이 보았습니다. 특별히 저는 존 그리샴의 소설을 좋아합니다. 책을 보면서 새로운 단어를 발견하여 익힐 경우, 문장 전체에서 그 단어가 뜻하는 바를 이해하고 기억하기 때문에 단어를 암기하는 데 매우 효과적입니다.

그런데 한국 학생들은 보통 책을 읽으면서 단어를 외우는 것이 아니라 그냥 단어책을 보면서 따로 단어를 암기합니다. 미국 학생들처럼 원서를 쉽게 읽기 어려우니까 대개는 할 수 없이 그렇게 하는 것으로 알고 있습니다. 그렇지만 이제부터라도 단어를 외우는 방법을 바꿔보십시오. 책으로 영어 문장을 통째로 읽고 그 문장 가운데 새로운 단어를 찾아내서 외우는 것이 그냥 무작정 단어만 암기하는 것보다 효과적입니다. 단어 암기를 위해서 사전이나 단어장만 들여다본다면 공들인 시간에 비해 기억에 오래 남지 못합니다.

그러면 어떻게 단어를 외울까?

단어는 어떻게 외우는 것이 가장 효과적일까요? 사실 단어 암기 방법에는 왕도가 없다고 생각합니다. 제 주변에는 한번에 적은 수의 단어를 완벽하게 외우는 게 낫다는 친구도 있고, 완벽하지 않더라도 많은 수의 단어를 여러 번 반복해서 훑어보는 것이 더 낫다는 친구도 있었습니다.

저는 적은 수의 단어라도 완벽하게 외우고 지나가는 편입니다. 중요한 것은 어떤 방법이든 쉬지 않고 꾸준히 단어를 외우는 습관을 가지라는 것입니다. 꾸준함, 그것은 단어를 외우는 일 외에도 공부하는 학생이라면 놓치지 말아야 할 중요한 습관입니다. 단어를 건성으로 암기하고 SAT를 비롯한 각종 시험에서 높은 점수를 기대한다는 것은 말이 되지 않는 일입니다.

저는 단어 암기를 결코 대충 끝내지 않았습니다. 미국 사람들이 일상적으로 잘 쓰지 않는 단어일지라도 노트가 새카맣게 될 때까지 반복해서 써가며 외웁니다. 심지어 단어의 의미를 말하는 사전의 설명까지 모두 암기하려고 노력했습니다. SAT를 대비한 단어집에 포함된 단어는 무조건 다 외웠고, 기타 책이나 잡지를 볼 때에도 모르는 단어가 눈에 들어오면 그 자리에서 외우려고 노력했습니다. 저는 이 방법을 'repetitive note-taking,' 그러니까 반복해서 노트에 쓰는 것이라고 부릅니다. 외워야 할 단어를 연습장에 수십, 수백 번이라도 반복하여 낙서하듯 써가며 외우는 방법입니다. 대개 한 번이라도 더 손으로 써보고 한 번이라도 더 눈으로 보면 더 오래, 더 정확히 외워지기 때문입니다.

그 결과 형이 종종 제 단어책을 보고 장난삼아 이 단어의 뜻이 뭐냐고 물어올 때에도 저는 그 단어의 뜻을 말하는 설명까지 줄줄 말할 수 있을 정도가 되었습니다. 그렇게 되기까지 정말 오랜 기간 동안 영어 공부를 열심히 했습니다.

신문과 잡지를 숙독하라

잡지와 신문을 많이 보면 상식도 늘고 영어 단어도 풍성해질 뿐만 아니라 작문 실력을 향상시키는 데에도 유익합니다. 저희 집에는 형이 좋아하는 자동차 전문잡지와 과학지식과 정보를 얻기에 유익하다고 하여 미국생활 초기부터 구독해온 '내셔널지오그래픽' 잡지가 있습니다. 그런 잡지를 읽다가도 모르는 단어가 나오면 사전을 찾아가며 외웠습니다.

반드시 특별한 잡지만 고집할 필요는 없습니다. 자신이 좋아하는 분야의 잡지나 책을 지속적으로 읽다보면 글 쓰는 실력도 늘어납니다.

작문을 하다보면 갑자기 '내가 어떻게 이런 문장을 쓸 수 있을까?' 라고 스스로 놀랄 때가 있습니다. 하지만 그런 문장은 과거 어느 책에선가 반드시 읽은 것입니다. 독서는 작문을 하는 데 꼭 필요한 조건입니다. 더 많이 읽을수록 더 잘 쓸 수 있기 때문입니다.

책 읽는 습관을 들이려면 관심 있고 흥미로운 분야의 책부터 읽는 것이 좋습니다. 저는 내셔널지오그래픽 잡지를 봄으로써 제 관심사인 과학 분야의 꿈을 키울 수 있었습니다. 뿐만 아니라 훌륭한 사진, 풍부한 상식으로 재미는 물론 센스도 키울 수 있었다고 생각합니다. 특별히 과학에 대한 지식을 쌓을 수 있어서 공부에 큰 도움이 되었습니다.

그 밖에 '사이언스' 잡지와 '타임'도 보았습니다. 미국에서 어떤 뉴스가 초점이 되고 있고 어떤 사람이 그 달의 인물로 선정되었는가 하는 정도는 상식입니다. 따라서 시사 잡지도 빼먹지 않고 보아야 합니다. 그렇게 잡지를 구독한 경험은 실력이 되어 쌓여갔습니다.

신문이나 잡지에 어려운 단어가 많은 것은 아닙니다. 하지만 미국인의 일반적인 교양 수준에서 반드시 알아야 할 단어 위주의 문장으로 되어 있기 때문에 신문과 잡지를 많이 보는 것이 좋습니다. 관심 분야의 글을 읽다가 발견하게 되는 문장이나 단어는 특별히 흥미 있게 보게 되므로 쉽게 이해할 수 있고 오래 기억하게 됩니다.

수학 공부, 열린 마음으로 이해하기부터

학교에서 수학을 공부할 때는 단계적으로 점차 어려운 분야를 배워나가게 됩니다. 그러다보면 도중에 너무 어려워져서 이해가 되지 않고 문제를 풀 줄 모르는데도, 그만 다음 단계로 넘어갈 때가 있습니다. 그렇게 되면 수학은 점점 더 이해하기 어려워집니다. 급기야 포기하게 되고 맙니다. 따라서 수학 공부에서 가장 중요하게 생각할 점은 모른다고 해서 결코 중간에 포기해서는 안 된다는 것입니다. 수학은 점점 어려워질수록 단계적으로 이해해나가는 과정이 반드시 필요합니다. 아무리 어려워도 반드시 이해한 다음 더 어려운 다음 단계로 넘어가는 것이 중요합니다.

또 많은 수학공식을 처음부터 무조건 전부 외우려 들지 마십시오. 각각의 공식을 어떻게 다양한 문제에 응용할 수 있는지 이해하는 것이 먼저입니다. 수학 공식은 영어 단어와 달라서 외우는 것만이 능사는 아닙니다. 공식의 원리를 잘 이해해야만 더 오랫동안 기억할 수 있고, 어떤 문제가 나오든지 공식을 제대로 대입할 수 있기 때문입니다. 어떤 수학공식이든지 그것은 어떤 수학자에 의해 만들어졌습니다. 그러므로 그 사람이 어떻게 공식을 만들었는지 그 공식이 만들어진 원리를 이해할 수 있다면 어떤 문제에서도 응용이 가능해집니다.

특히 시험을 앞두고 수학 공부를 할 때는 문제가 잘 풀린다고 계속 쉬운 문제만 풀면 곤란합니다. 문제가 쉬우니까 쉽게 풀리는 것이 당연합니다. 문제가 잘 풀리면 기분도 좋아집니다. 그러나 기분이 좋다고 쉬운 것만 공부한다면 그것은 시간 낭비입니다. 수학은 힘에 부치더라도 자기에게 버거운 문제를 반복해서 오랫동안 연습하고 풀어보려는 노력이 있어야 실력이 느는 과목입니다. 그러다가 정 어려우면 선생님께 물어보면 되지요.

스스로 풀어보고 이해하려는 고민도 해보지 않고 과외 선생님이나 학원 선생님의 강의에만 의존하는 것은 공부를 안 하는 것이나 다름 없다는 점을 명심하십시오. 선생님이 문제를 풀어주고 설명할 때는 다 알 것 같습니다. 하지만 설명을 들을 때는 다 알 것 같아도 정작 혼자서 문제를 풀어보라고 하면 모르는 경우가 많습니다. 그것은 직접 고민해보지 않았기 때문입니다. 그러니까 학생 스스로 먼저 공식을 이해하고 좀 더 어려운 문제를 골라 풀어보려고 애쓰는 과정이 필요합니다. 그렇게 해서 어려운 것을 이해하고 나면 그보다 쉬운 문제는 쉽게 풀 수 있게 됩니다.

틀린 문제는 반드시 오답노트를 만들어서 완전히 이해하고 풀 수 있을 때까지 반복해서 풀어보아야 합니다. 수학은 한 번 못 풀면 다시 풀기 어렵기 때문입니다.

제가 학교에서 친구들이 수학 공부하는 것을 관찰해본 결과 대개의 학생들은 수학 문제를 푸는 데 어려움을 겪고 있었습니다. 많은 학생들이 문제를 풀면서 일일이 문제 유형(pattern)에 맞는 명확한 해법만 찾으려고 애쓰는 모습이 보였습니다. 특정한 유형의 문제 해결에 필요한 일반적 해법(공식)을 알아두는 것도 물론 중요합니다만 문제의 풀이 단계를 암기하는 데 지나치게 의존하는 것은 문제가 있다고 생각합니다.

수학 문제를 풀기 위해서는 열린 마음의 자세를 갖는 것이 더 중요합니다. 대개 수학 문제는 숫자 연산을 하지 못해서 풀지 못하는 것이 아니라, 문제의 논리적인 의도를 이해하지 못해서 풀지 못할 때가 많습니다. 즉, 말을 이해하지 못해서 풀지 못한다는 뜻입니다. 그러므로 무조건 연산 순서에 따라 모든 문제를 해결하려 하지 말고 그 문제에 논리적으로 접근하는 방식이 훨씬 더 유리하다는 말입니다. 그 문제를 읽고 문제가 요구하는 것이 무엇인가를 분명히 이해한 다음 논리적으로 생각해보아야 합니다.

어려운 수학 문제를 다루고 있다고 해서 지나치게 걱정할 필요는 없습니다. 저는 질문이 어려울수록 논리적으로 그 문제를 단순하게 봄으로써 시험을 잘 볼 수 있을 때가 많았습니다. 물론 제가 그 문제를 푸는 해법(공식) 자체를 몰랐더라면 논리적인 사고방식도 아무런 소용이 없었을 것입니다. 그러므로 수학을 잘하기 위해서는 문제가 의도하는 바를 이해하는 논리적인 사고방식과 그 문제를 풀어나갈 수 있는 공식, 문제 풀이 방법을 고르게 이해해야 합니다.

시험공부, 대충이란 없다

시험에 대비하는 공부가 다 그렇습니다만 중요한 것은 방법과 길을 다른 사람에게 들어서 알게 되는 것이 아니라 본인이 직접 책을 읽고 문제를 풀어보면서 스스로 적합한 공부 방법을 발견하는 것입니다. 공부는 기본적으로 스스로 뜻을 세우고 우직하게 하는 것입니다. 머리(두뇌회전)를 믿지 말고 끈기 있게 파고드는 노력이 더 중요합니다.

저는 비록 시간이 많이 걸리더라도 혼자서 오랫동안 공부하는 편을 택했습니다. 외울 단어는 꾸준히 외워갔습니다. 단지 시험을 위해 수박 겉핥기식으로 공부하지 않았고 아무리 힘들어도 바른 길을 가려고 했습니다. 특별히 저는 공부한 것을 어떻게 해서든지 내 것으로 만들어야겠다고 생각했습니다. 장님 코끼리 더듬는 식으로 대충 정답을 찾아간다면 그것은 진정한 공부가 될 수 없다고 생각했습니다. 답이 무엇인지 깊이 있고 정확하게 알게 되는 것이야말로 실력이라고 믿었기 때문입니다.

제가 공부하는 스타일은 정확하게 이해한 뒤 머리 속에 꾹꾹 눌러서 기억해두는 방식입니다. 만점 혹은 만점에 가까운 점수를 얻으려면 결코 대충 알고 넘어가서는 안 됩니다. 문제 푸는 요령만 아는 식으로는 곤란합니다. SAT 영어 시험은 통합교과 스타일이라서 책 한두 권 본 것만으로는 모든 문제를 이해하거나 정확한 답을 풀기가 어렵습니다. 공부해야 할 범위가 너무 넓기 때문입니다. 그래서 저는 여름방학 동안 책을 볼 때 아무리 작은 책이라도 단기간에 쉽게 보아 넘기려고 하지 않았습니다. 항상 오랜 시간을 투자하여 책을 읽고 공부하려고 애썼습니다.

SAT 영어는 기본적으로 미국 시민으로서 영어를 얼마나 잘 이해하고 구사할 수 있는지 테스트해보려는 시험이지만 시험의 내용과 형식은 그리 간단하지 않습니다. SAT 영어 문제의 경우, 역사와 문학 등 다루는 범주가 매우 다양하고 넓습니다. 단순히 학교 수업만으로 대처할 수 있는 수준이 아닙니다. 그래서 다양한 독서가 중요하지요. 한국도 요즘에는 통합교과적으로 문제 형식이 바뀌어서 언어영역의 문제라도 역사와 철학까지 두루 알아둘 필요가 있다고 들었습니다. 따라서 평소 많은 독서와 상식을 축적해두는 것이 중요합니다.

시험에 대비하는 방법에 익숙해져라

사회와 과학 등 이해를 요구하는 암기과목 시험을 준비하는 경우, 문답(Question-Answer) 형식으로 내용을 구성하며 정리하는 것이 좀 더 효과적입니다. 예컨대 화학 교과서에서 분자 형성에 관한 부분을 공부하려면, 학생 스스로 교사가 되었다고 생각하고 공부한 부분에 대한 질문을 만들어보는 것입니다. 그리고 그 질문에 대한 해답을 찾기 위해 그 내용을 읽어보는 것이지요. 그 결과를 문답으로 만들어본다면 다음과 같습니다.

"공유결합 분자가 어떻게 구성되는가?"라고 질문을 적은 다음, "분자는 이렇게 만들어진다"라는 식으로 답안을 정리해보는 방법입니다. 그러면 훨씬 더 오래 기억될 것입니다. 이 방법은 시험 대비에도 매우 유익합니다. 시험을 치를 때 자기가 만들어본 것과 비슷한 질문을 받는다면 답을 기억해내는 일도 어렵지 않다는 말이지요. 이렇게 하지 않고 모든 시험 범위를 그저 하나의 덩어리처럼 뭉뚱그려 공부하고 나서 문제를 푸는 응용력까지 기대하기란 어렵다는 말입니다.

시험이란 주어진 문제에 대한 해결 능력을 알아보는 단순한 척도이지 그 과목에 대한 지식의 양을 평가하는 것이 아닙니다. 그러므로 시험에 대비하는 공부 방법은 시험의 내용과 구조에 맞추어야 합니다. 먼저 과목별로 어떤 유형의 질문이 나올지 상상해보십시오. 그런 다음 그 질문에 스스로 답안을 준비해두십시오. 만약 물리 시험이 원리나 공식에 관한 문제풀이를 강조한다면 교과서에 나오는 물리학자의 세부적인 인생 전기나 생활상을 익히는 데 시간을 낭비할 필요가 없다는 말입니다. 역사 시험이 상세한 항목을 암기했는지 물어보는 질문이나 특별한 역사적 사실에 대한 구체적인 지식을 가지고 있는지 여부를 질문하는 식이라면 시간을 내어 그런 내용을 암기해두어야만 합니다. 반면 생물 시험이 주로 폭넓은 개념이나 그 개념에 대한 전반적인 설명을 요구한다면, 사소한 것을 상세히 알려 하지 말고 중요한 개념들만 숙지함으로써, 마치 큰 그림을 그리듯이 넓게 이해할 필요가 있다는 것입니다.

수많은 암기과목에서 모든 것을 속속들이 안다는 것은 불가능한 일입니다. 시험의 목적은 교과서에 나온 단어를 모두 아는지 테스트하려는 것이 아니라, 그 과목이 말하려는 지식의 총체적인 이해력을 점검해보려는 것일 때가 많습니다. 따라서 시험 문제 유형을 먼저 이해해야 하며 가능하면 기존에 출제된 시험의 유형과 정보를 많이 알아두는 것이 유익합니다.

모의시험도 실전처럼

학교에서는 물론 심지어 집에서 모의고사를 본다고 하더라도 실전처럼 긴장하며 철저히 시간을 지켜서 시험 보는 훈련을 하는 것이 중요합니다.

SAT 시험 준비는 한국의 수능고사보다 쉬워 보인다는 말을 간혹 듣습니다. 틀린 말은 아니라고 생각합니다. 지난 10년간 기출문제집이 항상 나와 있어서 그 문제집만 잘 풀면 대강의 문제 유형도 파악되고 공부도 되기 때문입니다. 하지만 꼭 맞는 말도 아닙니다. 왜냐하면, 기출문제집을 과연 얼마나 성실하게 제대로 풀고 공부하느냐에 따라 결과에서 큰 차이가 나기 때문입니다.

저는 SAT 예상문제집을 산 다음 집에서 시간을 정해놓고 실전이라는 생각으로 문제를 풀고 또 풀었습니다. 방학 동안에 그 책을 손에서 놓아본 적이 없습니다. 스스로 모의고사를 본 다음 몇 점이 나왔는지 채점해보았고 실제로 시험을 볼 경우 몇 점을 맞게 될지 예상해보기도 했습니다.

그렇게 모의로 SAT 시험을 보는데 3시간가량 걸립니다. 방학 동안 집에서 3시간씩이나 집중하려면 우선 방해를 받지 않아야 하는데 집이 목사 사택이고 보니 전화가 자주 걸려와 집중할 수가 없었습니다. 다른 조용한 장소를 물색하던 중 저는 집 옆에 있는 차고를 이용하기로 했습니다. 그 차고는 50여 명이 들어갈 수 있을 만큼 넓습니다. 교회를 건축하기 전까지 기도실로 사용하던 곳입니다. 차고 안은 무척 더웠지만 아무런 방해도 받지 않고 집중할 수 있어서 좋았습니다. 그곳으로 시계를 들고 나가면서 저는 어머니에게 이렇게 외칩니다.

"엄마! 3시간 동안 모의시험 끝날 때까지 저를 부르지 마세요. 아예 찾지 마시라고요!"

혼자서 안 될 때는 형과 함께 시험을 보고 서로 체크해보곤 했습니다. 한여름 더운 날씨에도 불구하고 오랫동안 차고에 틀어박혀서 실제 SAT 시험 시간표대로 기출문제집이나 예상문제집으로 모의시험을 보았습니다. 여름방학 내내 실제로 시험을 보는 것처럼 '시험 보는 연습'을 한 것입니다. 비록 기출문제집을 푸는 것이었지만 실제 시험 시간에 맞춰 그 시간 동안 정확하게 몇 문제를 풀 수 있는지 체크해본 것이지요.

간혹 문제집을 푸는 친구들을 보면 시간은 생각하지 않고 문제만 푸는 경우가 있는데, 그렇게 하면 비록 문제를 다 풀었다고 해도 실제 시험 현장에서는 제 실력을 발휘할 수 없을 것입니다. 반드시 실제 시험 시간과 똑같은 시간 내에 똑같은 분량의 문제를 풀어보는 것이 중요합니다. 1시간 동안 40문제를 풀어야 하는데 2시간 동안 40문제를 풀고 만점을 받았다고 할 수 있겠습니까? 시간을 따져서 계산해본다면 실제로는 절반밖에 풀지 못해 100점 만점에 50점을 받은 셈이 되는 것이지요. 어쩌면 당황해서 그보다 더 나쁜 점수를 받을지도 모릅니다. 그러므로 실제 시험 시간에 맞춰 문제집을 푸는 습관을 들이는 것이 중요합니다. 실제로 그렇게 모의시험을 쳐본 결과 가장 잘 나온 점수가 1,510점이었습니다.

그 점수는 결코 짧은 시간 안에 받게 된 것이 아닙니다. 화장실에도 단어책이 있고 눈에 보이는 곳마다 책을 놓아두었습니다. 문제를 풀고 또 풀었습니다. 계속해서 단어를 외웠습니다.

가끔 교회에 출석하는 후배 학생이나 어린이가 종종 우리 집에 와서 잠을 잘 때가 있습니다. 미국에서는 엄마 아빠가 바쁜 일로 주말에 집에 없는 경우, 주말과 주일에 아이를 목사님 댁에 맡기는 일이 종종 있습니다. 그러다보니 책을 보는 시간이 줄어드는 일이 생기기도 합니다. 시험을 앞두고 되려 나태해진 것처럼 보일 때, 어머니는 제게 이렇게 말씀하시곤 했습니다.

"너 여태까지 그렇게 열심히 공부해놓고 왜 시험 볼 때가 가까워오는데 오히려 공부를 안 하느냐?"

하지만 저는 그간 충분히 공부해왔고 시험 날짜가 가까워오면서 모두 머릿속에 정리를 해두었기 때문에 오히려 마음을 차분히 가다듬고 있었던 것뿐입니다. 계획적인 예습과 시간관리를 통해 철저히 시험에 대비하다보니 정작 시험을 코앞에 두었을 때도 여유 있는 모습을 선보일 수 있었던 것입니다.

9장 하나님의 영광을 위한 공부 십계명

하나님과 이웃을 섬기기 원하며 공부하는 사람에게 하나님께서 얼마나 큰 은혜를 베풀어주실지 생각해보십시오. 주님이 우리에게 원하시는 것이 무엇인지 각자 깨닫게 된다면, 우리가 일하고 공부하는 목적도 곧 주님이 원하시는 그 모습을 이루어드리기 위하는 것이 될 것입니다.

1계명 하나님 중심으로 동기부여 하라.

뜻이 있는 일에는 언제나 목적이 있습니다. 그 목적이 우리를 이끌어갑니다. 똑같은 원리가 공부에도 적용됩니다. 학생이라면 왜 공부하는 데 수많은 시간을 쏟아야 하는지를 자문해볼 필요가 있습니다. 이 질문에 대한 해답 없이 그냥 학교만 왔다 갔다 하는 학창생활이나 공부는 무의미합니다. 목적을 분명히 세우는 것은 공부에 의미를 더해줍니다. 또한 목적 자체가 동기부여가 됩니다. 그리고 동기부여가 되면 공부하게 됩니다.

그렇다면 학생이 공부하는 목적은 무엇이 되어야 할까요? 저는 이 세상을 살아가며 일하고 공부하는 목적이 하나님의 영광을 위하는 것이 되어야 한다고 믿습니다. 모든 일을 주님의 영광을 위해 할 결심이 선 사람에게 주님이 얼마나 큰 복을 내려주실지 상상해보십시오. 하나님과 이웃을 섬기기 원하며 공부하는 사람에게 하나님께서 얼마나 큰 은혜를 베풀어주실지 생각해보십시오. 한 사람 한 사람이 주께 영광 돌리는 모습이야말로 하나님이 우리에게 진정으로 바라고 계시는 모습입니다. 주님은 우리가 사람들을 가르치거나 환자를 치료해주거나 불의한 억압자에 대항하여 싸우거나 집 없는 이를 위해 집을 지어주기 원하고 계십니다. 주님이 우리에게 원하시는 것이 무엇인지 각자 깨닫게 된다면, 우리가 일하고 공부하는 목적도 곧 주님이 원하시는 그 모습을 이루어드리기 위하는 것이 될 것입니다.

2계명 기도하면서 공부하라.

기도는 다른 어떤 것보다 중요합니다. 라틴어 격언에 "Ora et labora"(기도하면서 일하라)라는 말이 있습니다. 기도하면서 공부해야 합니다. 크리스천 학생은 공부만 해서는 안 됩니다. 그리하면 그 공부는 목적을 잃은 공부가 되기 쉽습니다. 기도하면서 공부해야 합니다. 우리는 기도를 통해 전능하신 하나님 아버지의 도우심과 복을 간구할 수 있기 때문입니다. 우리가 연약하여 한계를 느낄 때, 기도하며 주님의 도우심을 구한다면 주님은 우리를 위해 우리가 상상하는 것 이상으로 많은 일을 해주실 것입니다. 기도를 통해 주님께 도우심을 구하십시오. 주님의 뜻에 합당하다면 우리가 구하기만 해도 들어주시리라 믿습니다. 저는 기도할 때 주님께 이렇게 고백합니다.

"저는 무력한 존재이므로 주님을 필요로 합니다."

주께서 반드시 우리를 도와주시리라는 믿음을 가지십시오. 저는 제가 공부해야만 하는 엄청난 공부 분량에 압도될 때가 많았습니다. 예컨대 큰 시험을 눈앞에 두었는데 공부할 날은 며칠 남지 않아서 집중도 안 되고 효율적으로 공부할 수 없을 때는 긴장과 압박감 때문에 심한 스트레스에 빠집니다. 이때가 바로 진정 기도할 때입니다.

저는 주님께 가능하면 많이 공부할 수 있게 해달라고 기도했습니다. 주님의 도우심이 절실히 필요하다고 간구하고 적극적인 태도, 선명한 기억력과 명석한 두뇌를 달라고 기도했습니다. 이런 기도를 하고 나면 마음에 평온이 찾아옵니다. 이 평온함은 주님이 주시는 선물이며 무한한 주님의 응답이라고 믿고 있습니다. 이것이야말로 주님이 내 곁에 계시다는 증거입니다. 이 확신으로 아무리 힘든 상황이라도 감당해낼 수 있는 힘을 얻습니다.

"인내를 온전히 이루라 이는 너희로 온전하고 구비하여 조금도 부족함이 없게 하려 함이라 너희 중에 누구든지 지혜가 부족하거든 모든 사람에게 후히 주시고 꾸짖지 아니하시는 하나님께 구하라 그리하면 주시리라"(야고보서 1:4,5).

3계명 어떠한 환경에도 적응해나가라.

나는 오랫동안 "말하기는 쉽고 실천은 어렵다"라는 속담과 싸워야만 했습니다. 저는 아주 사소한 일에도 참지 못하고 괴로워하곤 했습니다. 짜증내지 말고 참아야 한다는 것은 알지만 좀처럼 인내하기 어려울 때가 많았습니다. 시험을 보는데 옆자리의 학생이 자꾸 연필을 두드린다든지 몸을 앞뒤로 흔들어대는 상황에 처했다면 어떻게 하시겠습니까? 바깥에서 큰 소리를 지르는 아이 때문에 머리가 어지럽다면 또 어떻게 하겠습니까? 얼마나 신경이 쓰이는 일인지 모릅니다. 흔한 일처럼 그냥 지나치기 어렵고 짜증이 날 때, 그럴수록 이 말을 기억하십시오.

"그런 상황이 나를 괴롭히지 못한다고 스스로에게 말하라!"

진부한 말 같지만 분명히 효과가 있는 자기암시라는 생각이 듭니다. 괴롭지 않다고 스스로 다짐해보십시오. 마음을 산만하게 하는 악조건을 극복해내는 일은 자기 정신을 통제할 수 있는 사람이라면 누구에게나 가능한 일입니다. 심리적으로 약해졌다고 느껴질 때 한번 연습해보십시오. 이를테면 옆방에 있는 형제가 약간 소란스럽더라도 굳이 조용히 해달라고 부탁하지 않는 것입니다. 변화하는 환경에 마음을 빼앗기지 마십시오. 산만한 상황에도 마음이 흐트러지지 않도록 집중력을 키우는 훈련이 필요합니다. 그러면 본인이 상황을 통제할 수 없는 여타의 환경에 놓인다고 해도 그 상황과 상관없이 집중할 수 있게 됩니다.

만일 이렇게 집중하는 훈련을 해두지 않는다면, 학교에서는 떠드는 친구와 매번 싸울지도 모릅니다. 도서관에서 부산하게 움직이는 사람을 참지 못하여 화를 낼지도 모릅니다. 처음 보는 낯선 사람과 함께 시험을 치러야 할 때 집중력을 잃게 될지 모릅니다. 따라서 어떤 상황이 닥쳐오더라도 집중할 수 있도록 상황 적응력을 길러서, 차분하지 못한 상황과 관계없이 집중할 수 있는 훈련을 해두어야만 합니다. 언제나 모든 상황이 나를 편하게 해주는 것은 아니기 때문이지요.

4계명 메모지를 활용하라.

제 경우에는 공부를 하다보면 늘 책상에 메모지가 수북이 쌓입니다. 공부할 때 단순히 눈으로만 책을 보는 것보다는 그 내용을 손으로 써 보면서 다시 한 번 더 눈으로 확인하는 것이 훨씬 효과적이기 때문입니다. 이럴 때 필요한 메모지는 꼭 좋은 종이가 아니더라도 상관없습니다. 한 번 쓰고 버릴 것이므로 우편물의 여백이나 이면지를 사용해도 좋습니다.

공부하면서 새로운 용어가 나왔다면 그 용어에 친숙해지도록 계속 메모지에 써봅니다. 그 용어의 뜻을 되새기며 메모지 위에 열 번 이상 써보는 것입니다. 이렇게 하면 그 용어를 시각적으로 인식하는 데 도움이 되어 시험 중 그 용어가 나와도 낯설지 않습니다.

어떤 문장이나 구절에는 머릿속으로 조직하고 이해해야 할 복잡한 뜻이 들어 있게 마련입니다. 그러면 저는 노트에 그 단어나 문구를 적어가며 생각을 단순하고 명확히 하려고 애씁니다. 머리로만 모든 뜻과 내용을 흡수하려 하는 것은 매우 어렵고 혼란스러운 일이기 때문입니다. 그 낱말이나 개념이 아무리 모호해도 직접 메모지에 쓰다보면 머릿속에서 개념이 명확해집니다.

직접 메모지에 써보면 학습에 분명한 진전이 있을 것입니다. 예컨대 하나의 문장 속에 서로 다르면서 상호 관련된 정보가 들어 있다면 종이 위에 그 단어들을 일정한 간격으로 반복해서 써보십시오. 그러면 관련된 뜻을 이해하고 전체 문장의 뜻을 이해할 수 있습니다.

5계명 시간 제한을 고려하라.

공부해야 할 분량을 자신의 능력과 연관지어, 그 분량을 다 해내는 데 시간이 얼마나 걸릴지 생각해보십시오. 그런 다음 제한된 시간 안에 공부할 수 있는 전략을 세우는 것입니다.

가령 2주일 후 100페이지나 되는 범위에서 시험이 예정되어 있어서 미리 준비해야 한다고 가정해봅시다. 2주일이라면 모든 범위를 세밀히 검토할 시간이 충분하다고 생각되지만 실제로 이런 저런 이유를 들 경우 그 과목 시험을 준비할 수 있는 시간은 고작 이틀밖에 안 되는 경우가 허다합니다. 이 이틀이라는 시간 제한에 따라 우리는 공부 계획을 일부 변경해야 합니다. 이틀이라면 100페이지나 되는 범위 안의 모든 개념을 통달할 방법이 없습니다. 시간 제한을 염두에 둔다면 이 점을 잊지 마십시오. 모든 것을 한꺼번에 기억하겠다고 아까운 시간을 낭비해서는 안 된다는 것입니다.

처음에는 두세 번 읽어도 이해하지 못할 어려운 문장이 있을 수 있습니다. 이런 문장과 마주쳤을 때에는 공부해야 할 전체 범위 가운데에서 그것이 얼마나 중요한 문장이며 교과서 밖의 내용과 비교하여 얼마나 관련이 있는지 따져보십시오. 중요하지 않다고 판단되면 상관없지만, 만약 다른 내용을 이해하기 위해 반드시 그 문장을 이해하고 넘어가야 할 정도로 중요하다고 판단되면 부득불 그 문장을 이해하는 데 얼마간의 시간을 할애해야만 합니다. 그렇게 하기 어렵다면 그저 편한 마음으로 한두 번 읽어 넘깁니다. 그런 다음 문장에서 그 뜻이 명확해지기를 기대하는 것이 좋습니다. 대개 다음 내용을 읽다보면 어렵게 느껴졌던 문장의 뜻을 파악하게 될 경우가 많습니다. 그러므로 앞부분에서 어쩌다가 어려운 문장이 나오더라도 무작정 붙잡고 있으면서 시간을 낭비할 필요는 없습니다. 그것은 어리석은 일입니다.

만일 이틀 동안 100페이지를 공부해야 하는데, 앞부분 10페이지를 공부하는 데 12시간이 들었다면 나머지 90페이지를 공부해야 할 시간이 하루밖에 남지 않게 된 셈입니다. 그러면 이미 공부한 10페이지 내용에서는 모르는 것이 없다 쳐도 나머지 90페이지에서 출제되는 문제의 답은 적지 못하게 되는 것이 아닙니까? 하지만 공부할 시간이 모자라서, 설령 일부 모르는 것이 나올지라도 100페이지 전체를 공부하여 더 많은 정보와 친숙해지는 것이 훨씬 지혜로운 공부법입니다.

이렇게 하면 결국 시험에 대비하여 지식의 범위를 넓혀나갈 수 있습니다. 한정된 부분만 잘 아는 것보다 시험 범위 전체의 대강을 아는 것이 시험에서는 더욱 중요합니다. 물론 시간만 허락한다면 시험 범위 안에서 더 많은 정보를 아는 것이 가장 바람직합니다. 그러나 시험은 닥쳐오는데 실제로 공부할 시간이 부족한 암기과목의 경우, 저는 이 방법을 권합니다. 부분적으로 자세히 아는 것보다 전체적으로 고루 아는 것이 나을 때가 많기 때문입니다.

6계명 학습 목표를 세우라.

공부할 목표를 세운 다음 학습해나가면 매우 큰 효과가 납니다. 공부하는 데 필요한 목표를 설정하는 일은 올바른 태도와 함께 그 목표를 반드시 성취하겠다는 마음가짐을 갖게 하기 때문입니다. 학습 목표가 분명하면 수업시간에 더욱 집중하게 되고 그 목표를 성취하도록 자극을 줍니다. 또한 학습 목표는 여러분이 특정한 부분에 주목하도록 해주기 때문에 능률적인 공부를 하는 데에도 도움이 됩니다. 반대로 아무런 목표도 없고 방향 설정도 안 된 상태에서 제아무리 수업을 많이 들어도 그 일은 결국 허사로 끝나고 맙니다. 목표가 없으면 시간은 시간대로 흘러가고, 얼마만큼 공부가 진척되고 있는지 점검할 기준조차 갖지 못하게 됩니다.

예를 들어 어떤 사람이 구매목록 없이 식료품 가게에 간다고 생각해 봅시다. 냉장고에 아직까지 몇 리터의 우유가 남아 있다는 걸 모르는 그는 우유를 고르면서 시간을 낭비할지도 모릅니다. 또는 집에 빵이 떨어졌으니 빵을 사야 한다는 사실을 잊을 수도 있습니다. 마찬가지로 자신이 더 공부해야 할 부분이 영어의 특정 문법이라면 그 문법을 이번 달 말까지 모두 이해하겠다는 목표를 세울 수 있습니다. 혹, 수학의 미적분 분야를 이해하지 못하고 있다면 다음달까지 학원을 다녀서라도 반드시 이해하고 지나가겠다는 목표를 세울 수 있는 것입니다. 또한 이번 방학 동안 제2외국어의 기초과정을 반드시 끝내겠다는 식으로 목표를 세울 수 있습니다. 실제적으로는 중간고사가 있기 한 달 전부터 각 과목의 학습 계획과 공부 계획을 꼼꼼하게 짜두는 것이 올바른 방법이라고 할 수 있습니다. 계획이 없으면 결과도 없습니다. 막연하게 학교에만 왔다 갔다 하는 학생이 되어서는 안 됩니다.

7계명 집중력을 가져라.

이 말은 "어떠한 환경에도 적응하라"라는 말과 비슷하기도 하지만, 약간 다른 점이 있습니다. 이것은 많은 학생들이 자기 자신과 싸워야 할 문제입니다. 학생들 가운데 공부란 지루하고 지겨운 것이라고 생각하기 때문에 집중하지 못하는 경우가 많습니다. 또 공부에만 집중하여 노력한다 해도 어려운데, 갖가지 일들을 생각하느라 몸만 책상에 앉아 있을 뿐, 결국 아무것도 머릿속에 남지 않는 경우가 비일비재합니다. 도서관처럼 공부할 수 있는 환경이 완벽하게 조성되어 있다한들 집중하지 못하고 수시로 다른 생각에 빠져든다면, 시끄러운 환경에도 아랑곳하지 않고 공부에 집중하는 학생보다 못한 결과가 나올 것이 뻔합니다.

저는 이 문제에 대한 해답이 간단하다고 생각하지는 않습니다. 저는 집중하지 못하는 나쁜 습관을 극복하려면 인생의 목표를 다시 한번 재고해보아야 한다고 생각합니다. 즉, 주님께서 당신을 통해 간절히 이루기 원하시는 것이 무엇인지, 스스로 얼마나 알고 있는지 재확인해보아야 한다는 것입니다. 그런 다음에는 당신이 주님이 원하시는 그러한 인물이 되기 위해 얼마나 기꺼이 노력하고 공부하고 있느냐가 문제입니다. 스스로 끊임없이 자신의 동기를 상기해본다면 집중력의 문제는 쉽게 해결될 것입니다. 집중하지 못하는 것도, 사실은 동기부여가 약해지고 목표의식이 희미해졌기 때문일 가능성이 높습니다.

현대는 선택과 집중의 시대입니다. 내가 주님을 위해 무엇을 할 것인가를 선택했다면, 그래서 그 선택의 대가로서 공부해야 한다면, 학생은 반드시 공부에 집중해야 하는 것입니다.

8계명 구성력을 가져라.

영어의 'organizing'을 '구성' 혹은 '조직화'라고 풀이하더라도, 그 원래 개념이 제대로 전달되기는 어렵다고 생각합니다. 시간관리의 대가 프랭클린이 만든 다이어리를 '프랭클린 오거나이저'(Franklin Organizer)라고 합니다. 이 수첩의 특징은 일정과 할 일을 잘 계획하고 구분하여 기록하고 그대로 실천하고 체크하도록 되어 있다는 점입니다. 그런 측면에서 본다면 학생에게 필요한 '구성능력' 혹은 '조직화' 역시 학생이 해야 할 모든 일을 체계적으로 계획하고 관리하며 점검하는 것을 뜻한다고 할 수 있습니다. 그렇다면 저는 조직화에 능한 사람이라고는 말할 수 없습니다. 그러나 제 생활을 잘 '조직화' 할 경우, 학교생활에서 오는 스트레스를 줄일 수 있으리라 생각합니다.

한편 'organizing'은 '구성'을 잘하는 것을 뜻할 뿐만 아니라 '조절'(control)을 잘하는 것을 뜻하기도 합니다. 이때의 '조절'은 주로 자기 감정 조절을 뜻합니다. 학교생활을 하다보면 우리가 어쩌지 못하는 일들을 많이 겪습니다. 예를 들면 우리가 수업시간마다 만나는 선생님의 성격이라든지, 그를 대하는 방법을 두고 고민해야 할 정도로 성격이 독특한 학우, 혹은 해내야 할 수많은 과제 등 많은 일들이 있습니다. 개인적으로는 제출해야 할 리포트(숙제)를 구성하는 일은 저에게 구성과 조직화하는 능력을 키워주었습니다. 조직화하는 능력을 갖추고 나니 심리적으로 안정감을 찾게 되었고 어떤 일을 수행하지 못할지도 모른다는 염려에서 오는 스트레스까지 줄어들었습니다.

9계명 올바른 태도를 가져라.

저는 초등학생 시절부터 공부를 매우 잘한 편은 아니었습니다. 어느 정도의 실력을 유지하는 수준이었지요. 그러다가 중학생이 되면서부터 공부에 자신감을 가져서 졸업할 때는 여러 과목에서 최우수 성적

상패를 받기도 했습니다. 그래서 '다른 급우들보다 더 잘할 수 있다', '나는 최우수 그룹에 속한다'는 자부심을 느끼게 되었습니다. 제가 열심히 공부하기 시작한 것도 그 무렵부터였습니다.

과거의 성적이나 석차가 조금 낮다고 해서 낙심해서는 안 됩니다. 자신의 잠재력을 과소평가하지 마십시오. 이런 식으로 생각해봅시다. '나에게는 성적 향상의 기회가 얼마든지 많이 있다'고 말입니다. 제가 학교생활에서 경험한 바에 따르면 가장 성공적이었던 학생은 전교에서 아이큐(IQ)가 가장 높은 학생이 아니라 가장 부지런하며 꾸준히 비전을 품어왔던 학생이었습니다. 꿈을 가지고 노력하는 자세, 이것이 공부 잘하는 학생이 가져야 할 올바른 태도입니다.

10계명 학교생활에 적극 참여하라.

학교생활에 몰입하는 정도는 상당 부분 개개인의 개성에 좌우됩니다. 저 또한 학교생활에 적극 참여하는 데 어려움이 있었습니다. 비교적 조용한 성격이라서 친구들과 활발하게 대화를 나누는 일도 적었습니다. 그러나 점차 참여의식이 중요하다는 점을 깨달았습니다. 우리가 교육을 받고 세상에 나아가 직업을 구하게 되면 긴밀한 협동과 사회적인 상호작용이 필요합니다. 그런 의미에서 교실이야말로 교사와 학생, 학생과 학생 사이에서 사회적 상호작용을 배울 수 있는 가장 이상적인 장소입니다. 단순히 교실에 앉아 자기 공부만 하기보다 흥미를 가지고 질문하고 대답하십시오. 그러면 더 많은 지식을 얻을 수 있습니다. 저는 참여도가 높은 학생일수록 자신의 인생을 즐길 줄 아는 사람임을 깨달았습니다.

3부

SAT와
미국 대학 진학
가이드

미국 대학이 입학하려는 학생들을 선발하는 기준은 SAT 점수 외에도 매우 다양합니다. SAT 외에 인터뷰를 통해 성격과 성품을 파악하고 학창시절의 봉사활동과 과외활동을 검토합니다. 또한 학교 다니는 동안 얼마나 성실하게 공부했는지 파악하기 위해 내신성적도 반영합니다. 미국의 내신성적은 GPA라고 하는데 'Grade Point Average'의 약자로 말 그대로 학업 성적의 평균 점수를 말합니다.

10장
SAT 준비에서 응시까지

한국에서는 1년에 수능고사가 1회만 치러지지만 미국에서는 SAT가 여러 번 실시되며 2회 이상 응시할 수 있습니다. 대부분의 대학에서는 2회 이상 치른 SAT 시험 성적 가운데 영어와 수학 각 과목에서 가장 좋은 점수를 골라 신입생 선발에 반영합니다.

SAT란 무엇인가?

이 장에서는 SAT 시험이란 무엇이며, 그 시험을 준비하기 위해 어떤 공부와 준비를 해야 하는지 말씀드리려고 합니다. 표면적으로는 SAT를 준비하는 방법이지만 한국에서 대학 입시를 준비하는 모든 학생들에게도 힌트가 되는 이야기가 되었으면 좋겠습니다.

SAT란 미국의 대학에 진학하려고 하는 고등학생(혹은 일반인)들이 치르는 시험으로 우리나라의 수학능력시험(수능)과 유사한 개념의 시험입니다. 대부분의 미국 대학들은 SAT 점수를 학생들의 학력을 평가하는 주된 기준으로 삼고 있습니다.

학생들은 SAT 점수 결과로 자신이 어떤 대학을 지원할 수 있을지를 미리 예상할 수 있습니다. 반대로 대학은 응시(Application)하는 학생이 그 대학교에서 공부하기 위해 필요한 기본 실력을 충분히 갖추었는지를 판단하는 기본 자료로 SAT 점수를 보는 것입니다. 즉, 이 시험 점수에 따라 그 학생이 대학교의 수업과정(학업)을 성공적으로 완수할 수 있을지 미리 예견한다는 것입니다.

SAT는 사설연구기관(ETS)에서 주관하고 있습니다. 현재 미국에서 SAT를 관장하는 기관의 웹사이트는 '컬리지보드'(www.college-board.com)입니다. 수험생들은 주로 이 사이트를 통해 온라인으로 시험 신청을 하고 일정한 등록비를 지불한 다음 시험을 치릅니다.

'컬리지보드' 사이트를 둘러보시면 SAT에 대한 기본 정보를 아실 수 있습니다. 한국에서 SAT에 관해 좀 더 구체적인 정보를 알기 원하는 분은 이 책 11장 마지막 부분(186~188쪽)에 소개한 웹사이트 주소를 참고하시기 바랍니다.

SAT는 언어(영어)와 수학 두 과목을 중심으로 추리력을 시험하는 SAT I(Reasoning Test)와 과목별 실력을 깊이 있게 확인하는 SAT II(Subject Test)로 나눠져 있습니다. 보통 일반 수준의 대학에서는 첫 번째 단계, 즉 일반적인 SAT I의 성적만을 요구하는 게 보통이며 명문대학 등은 SAT II 성적까지 고려하고 있습니다. 일반적으로 SAT라고 말할 때는 SAT I을 의미하는 것이라고 보면 됩니다. 이 책에서도 그냥 SAT라고 말할 때는 SAT I 시험을 말한다고 이해하시면 되겠습니다.

SAT II는 'Achievement Test'라고도 하는데 우리말로 하면 '수행평가'와 비슷한 개념이라고 생각합니다. 즉, 고등학교에서 공부한 학과목을 얼마나 충실하게 이해했는가를 테스트하는 것입니다. 영어 작문은 거의 모든 대학에서 필수로 요구하고 있으며 수학까지 필수로 요구하는 경우가 대부분입니다. 기타 과목은 학교에서 필수로 추가하거나 학생이 선택하도록 하고 있습니다. 제 경우에는 제2외국어로 한국어를 선택하여 높은 점수를 받았습니다.

과거 한국에서는 문교부에서 주관하는 예비고사와 각 대학별로 실시하는 본고사로 대학입학시험이 양분되어 있었다고 합니다. 예비고사 성적에 따라 응시할 수 있는 대학교를 예상하고, 각 대학에서는 '본고사'를 통해 영어와 수학 등 주요 과목별로 시험을 치렀던 것입니다. 이와 같이 SAT II는 SAT I을 본 다음에 선택적으로 치르는 시험이므로 과거 한국에서 치렀던 '본고사'와 비슷하다고 생각할 수 있겠습니다. 그러나 반드시 같은 개념이라고 생각할 필요는 없습니다. 우선 미국의 SAT II는 SAT I과 마찬가지로 공인기관에서 실시한다는 점에서 차이가 있습니다. 미국은 그만큼 공익성을 중시하고 있습니다. 그리고 SAT I이 일반적인 추리력을 테스트하는 것인 데 반해 SAT II는 고등학교에서 배우는 각 과목을 어느 정도 정확하게 이해하고 있는가를 테스트한다는 것이 다릅니다.

SAT는 대개 연중 6~7회 개최되며 자세한 일정은 해마다 연초에 미리 발표되므로 시험을 보려고 하는 학생은 그 일정 중에서 택일하면 됩니다. 시험 규정상 응시연령이나 학년에 제한은 없지만 주로 11학년과 12학년 사이에 2회의 시험을 보는 학생이 가장 많습니다. 저는 11학년 2학기가 끝나기 전에 두 차례의 시험을 치른 셈입니다.

대부분의 대학에서는 2회 이상 치른 SAT 시험 성적 가운데 영어와 수학 각 과목에서 가장 좋은 점수를 골라 신입생 선발에 반영합니다.

예를 들어 1차에서 영어를 780점, 수학을 750점 받았는데, 2차에서는 영어를 800점, 수학을 730점 받았다면 결과적으로 영어 800점, 수학 750점을 맞은 것으로 간주한다는 것이지요. 제 경우 두 번째 SAT 결과 만점이 나왔기 때문에 1차 결과를 고려하지 않아도 되었고 더 이상 시험을 볼 필요가 없어졌습니다.

SAT 점수가 기대한 만큼 나오지 않은 학생들은 평균 점수를 올릴 목적으로 여러 차례 시험을 보기도 합니다. 하지만 SAT 시험을 너무 많이 보는 것은 좋지 않습니다. 세 번 이상 SAT를 보면 모든 성적결과를 합산한 뒤 평균 점수로 환산하기 때문입니다.

그러므로 SAT 시험을 대비하는 학생은 일찌감치 충분한 공부를 해두는 것이 중요합니다. 여러 번 시험을 보면서 시험에 익숙해지려는 것은 어리석은 방법입니다. 기출문제집이 많이 나와 있으므로 스스로 시간을 정해 실제로 시험을 치르듯이 모의고사를 보는 훈련을 해두는 것이 현명한 방법입니다. 저는 1년 앞서 대학에 들어간 형과 함께 여러 차례 SAT 시험을 치르는 훈련을 해보았습니다. 그때마다 몇 점이 나오고 어느 부분에서 많이 틀리는지 점검해나갔습니다.

SAT 응시법

SAT 시험 등록은 인터넷('컬리지보드' 웹사이트)을 이용한 온라인 등록, 우편 등록, 팩스 등록, 전화 등록 등이 모두 가능합니다. 온라인 등록은 SAT 시험의 위탁주관 기관인 컬리지보드의 인터넷 웹사이트를 통합니다. 한국에서 유학을 목적으로 SAT 시험을 보려는 학생의 경우라면 지도교사나 유학전문학원의 도움을 받는 것이 좋겠습니다.

지인환 군(왼쪽)과 형 영환 군이 서울의 한 대형서점에서 SAT 관련 참고서 코너를 둘러보고 있다.

시험 등록 신청을 마치고 수험표(Admission Ticket)를 전달받게 되면 수험표에 기록된 개인의 인적사항(특히 영문 이름의 스펠링)이 정확한지 확인합니다. 만약의 경우 틀린 정보가 기록되어 있다면 수험표에 붙어 있는 정정 양식(Correction Form)을 이용하여 개인정보의 수정을 요청하면 됩니다. 시험 일주일 전에도 수험표가 도착하지 않는다면 이메일이나 전화로 확인하면 되지만, 인터넷 등록을 한 경우 등록 영수증이 수험표를 대신할 수 있으므로 크게 걱정하지 않아도 됩니다.

지역마다 시험 운영 방식에 다소 차이가 있기는 하지만, 대개 시험 당일 8시 15분까지 수험장에 들어가야 합니다. SAT 시험은 3시간 동안 진행됩니다. 이때 수험표나 등록영수증은 기본적으로 가져가야 하며 사진이 첨부된 신분증도 지참해야 합니다. 그리고 손에 익은 계산기(SAT는 계산기를 사용해도 됩니다), 연필과 지우개, 그리고 SAT Ⅱ 시험 응시자 중 L/C(Listening Comprehension)이 포함된 경우라면 이어폰이 있는 소형 카세트 플레이어도 준비합니다.

시험은 영어와 수학 과목마다 30분 혹은 15분 동안 문제를 풀도록 배당되며 주어진 시간 안에 풀어야 합니다. 지정 섹션의 문제를 시간 안에 모두 풀었다고 해도 남은 시간에 다른 섹션의 문제를 풀 수는 없습니다. 제가 시험을 볼 때도 시간이 지난 섹션의 문제지는 덮어두도록 하더군요.

시험 결과는 기본적으로 응시 후 6주 후 본인과 본인이 가고자 하는 대학과 고등학교에 각각 통보됩니다.

SAT 시험 종류 및 시험 시간

SAT I은 학생이 고등학교 교과 과목을 얼마나 잘 이해하고 있는지 측정하는 시험이라기보다 대학 진학 후 수학능력이 어느 정도인가를 평가하는 것이 시험의 주된 목적입니다. 그래서 미국인으로서 영어를 얼마나 잘 이해하고 있는지 점검하는 언어영역(Verbal : English) 시험과, 기본적인 수리 개념을 얼마나 잘 이해하고 있는지 점검하는 수리영역(Math)으로 나뉘어 출제됩니다. 언어영역과 수리영역에서 각각 최저 200점에서 최고 800점까지 점수를 매기는데 문제의 난이도에 따라 문제마다 얻는 점수도 달라집니다.

객관식으로 출제되는 SAT I 시험은 총 7개의 섹션으로 나뉘어져 있는습니다. 즉, 3개의 언어영역 문제, 3개의 수리영역 문제, 그리고 한 개의 실험 영역 문제입니다.

실험 영역 문제란 새로운 유형의 문제를 내보거나 학생들의 학력 수준 혹은 성향을 점검하기 위해 내놓는 문제라고 알려져 있습니다. 실험 영역 문제는 수학 혹은 영어 중에서 선택적으로 출제되는데 점수에는 반영되지 않습니다. 다만 7개 섹션 중 어느 섹션이 실험 영역으로 출제되었는지 알려주지 않으므로 모든 문제에 신중을 기해야 합니다. 각 섹션마다 정해진 시간 내에 지정된 섹션의 문제를 풀어야 하므로 문제 푸는 시간을 잘 배정하도록 합니다.

SAT I 영어 시험 문제 유형

SAT 시험에서 영어는 대체로 어렵고 수학은 쉬운 편입니다. 영어 시험에는 미국 현지인이라 할지라도 모르는 단어가 많이 나오기 때문입니다. 수학 시험은 한국의 중3이나 고1 정도의 수준이라고 생각됩니다. 한국의 고1에 해당하는 9학년까지 공부한 범위 내에서 문제가 출제되기 때문입니다.

SAT I 시험 중에서 영어에 해당하는 언어영역은 아래와 같이 세 종류의 섹션 문제로 구분해볼 수 있습니다.

첫째 유형은 '단어 유추'(Analogies)로서 어휘력 테스트 및 단어 사이의 관계를 파악하는 능력을 측정하는 시험입니다. 단어 공부를 철저히 했다면 SAT 문제 중에서 가장 쉬운 섹션이 될 수도 있습니다. 이 유형의 문제는 샘플로 제시되는 두 개 단어의 관계를 파악해서 다른 종류의 단어들끼리 관련 있는 것을 찾아내는 것입니다.

예를 들어 샘플로 제시되는 두 개의 단어가 나무(tree)와 숲(forest)

일 경우 문제로 제시된 4종류의 단어 조합, 즉 8개의 단어들을 비교해 보아 샘플로 제시된 단어의 관계와 유사한 형식의 단어를 찾아 연결시키는 문제입니다. 예시된 단어가 나무와 숲일 경우, 문제로 나온 단어 가운데 타이어(tire)와 자동차(car)가 비슷한 개념의 단어 조합이라고 판단되면 타이어와 자동차를 연결시키는 식입니다.

이것은 다른 문제 유형에 비하면 쉬운 편이지만 일상적이고 쉬운 단어만 나오는 것이 아니기 때문에 어휘력이 풍부할수록 풀기 쉽습니다. 문제의 유형이 쉬워 보이지만 결코 단순한 문제는 아닙니다. 그러므로 영어 시험에 대비할 때는 대충 문법 구조만 아는 수준으로는 높은 점수를 기대할 수 없습니다. 저는 SAT 시험 유형의 특징이 이렇다는 것을 미리 알고, 조금 힘들더라도 꼭 알아야만 하는 단어는 우직하게 외우고 이해하고 지나갔습니다. 기타 과학 과목이라든지 모든 과목에서도 마찬가지 방식으로 정확한 지식을 익히고 지나가는 공부 스타일을 고수했습니다. 그랬기 때문에 이런 유형의 문제도 부담스럽게 느끼지 않았다고 생각합니다.

두 번째 섹션의 문제는 '문장 완성'(Sentence Completions)으로서 제시된 문장 속에 비어 있는 한두 개의 단어가 무엇일지 찾아내는 것입니다. 정확한 문장 이해력과 어휘력이 동시에 요구됩니다. 문제마다 보통 15~30개의 단어로 구성된 문장이 주어지는데 문장 내의 한두 곳에 빈 칸을 두고 올바른 문장이 성립될 수 있도록 빈칸(blank) 안에 들어갈 적합한 단어를 찾는 5지선다형 문제입니다. 즉, 제시된 문장 속에 비어 있는 괄호에 적합한 단어를 골라내는 것입니다. 문장의 흐름을 파악하면 쉽게 정답을 찾을 수 있으므로 어휘력보다는 문장 독해 능력이 더 많이 요구되는 문제입니다. 문장의 뜻을 모두 파악하지 못하면 정답을 정확히 짚어내기가 어렵기 때문입니다. 독해력과 단어 실력을 고루 요구하는 섹션이라고 할 수 있습니다.

세 번째 섹션은 언어영역에서 가장 어려운 '독해 문제'(Critical Reading)입니다. 한 페이지 정도의 예문을 먼저 읽습니다. 예문은 대개 매우 어렵고 지루한 편입니다. 문제 유형이 뜻하는 대로, 비평적인 독해력을 검증해보려는 문제이기 때문이지요. 예문과 관련된 문제는 주로 그 글을 쓴 저자가 의도한 바나 예문 가운데 밑줄 친 부분이 문장 안에서 무엇을 뜻하는 것인지를 묻습니다. 문장의 뜻을 어느 정도 제대로 파악하고 있는지 알아보려는 전형적인 독해 문제입니다.

또한 두 개의 지문이 주어지고 주어진 지문간의 차이를 비교하고 대조하여 그에 대한 이해력을 알아보는 이중 지문 독해(Double Passage Reading)도 있습니다. 독해 문제에 등장하는 문장은 그 출제범위가 무척 다양합니다. 사회과학, 문학, 자연과학, 역사, 의학, 예술 등 매우 폭넓은 분야에서 골고루 출제되므로 SAT 시험이 단순한 영어시험 수준이 아니라는 것을 알 수 있습니다.

SAT I의 언어영역 문제들의 특징은 첫째, 읽은 내용을 이해하고 분석하는 능력(understand and analyze what you read), 둘째, 문장 각 부분간의 관계를 파악하는 능력(recognize relationships between parts of a sentence), 그리고 단어 사이의 관계를 파악하는 능력(establish relationships between pairs of words)을 테스트하는 것입니다.

영어(언어영역) 시험 문제는 그 유형만 볼 때는 한국 학생들이 보는 수능고사의 문제 유형과 크게 다르지 않아 보입니다. 다만 제 경험으로는 SAT 시험은 어떤 유형의 문제이든지 단어를 아는 것이 가장 중요하다고 생각합니다. 외국인에게는 특히 그럴 테지만, 미국인조차 자주 사용하지 않는 단어들이 많이 출제되곤 하기 때문입니다. 그러므로 SAT의 'Verbal Part'는 처음부터 끝까지 단어와의 싸움이라고 해도 과언이 아닙니다.

일단 단어를 알지 못하면 문제 풀이 자체가 불가능하기 때문입니다. 그러므로 기본적인 어휘력을 늘리는 것은 필수입니다.

SAT I 수학시험

한국의 수능에 비하면 SAT I의 수학(수리영역)은 표면적으로는 쉬워 보이는 편입니다. SAT I에서 수학 시험은 매우 기본적인 수학이론과 그를 이용한 수학적 처리능력을 평가합니다.

수학 시험은 간단한 문제를 푸는 5지선다형의 문제풀이(Problem Solving), A와 B 양자간의 크기를 비교하는 정량비교(Quantitative Comparisons), 단답 기입식(주관식 : Student-produced Responses : Grid-ins) 등으로 나뉘어 출제됩니다.

수리영역(수학)의 경우도 언어영역(영어)과 마찬가지로 30분짜리 두 섹션과 15분짜리 1섹션으로 구성되는데, 산수(Arithmetic), 대수(Algebra), 기하(Geometry) 등 세 가지의 형식으로 출제됩니다.

SAT I의 수학 문제를 상대적으로 쉬운 수학 교과서의 앞 부분에서 출제됩니다. 하지만 출제자들이 일부러 문제와 답안 중에 일종의 '트릭'을 숨겨두기 때문에 저는 결코 쉽지만은 않다고 생각합니다. 예를 들어 2종류의 공식을 대입해야 정답이 나오는 문제를 출제한 뒤 그 문제를 풀다가 1개의 공식만 대입했을 때 나오는 답을 답안에 포함시켜 두는 것입니다. 그러면 정확한 실력이 없는 학생은 자기가 푼 답이 답안에 있다고 좋아하면서 오답을 정답이라고 체크하게 됩니다. 따라서 수학 섹션은 2번 이상 체크해보는 등 신중에 신중을 기해야 높은 점수를 받게 된다고 생각합니다.

SAT 수학 시험에서는 한국과 달리 계산기 사용을 허락하고 있습니다. 하지만 충분히 시험 준비를 한 학생이라면 굳이 계산기를 사용하지 않아도 쉽사리 문제를 풀 수 있기 때문에 반드시 계산기에 의지할 필요는 없다고 생각합니다. 암산으로도 충분한 계산까지 계산기에 의존하는 버릇이 생기면 오히려 시간을 낭비할 수도 있기 때문이지요.

SAT II 과목별 시험

SAT 시험이 현재 시행되는 SAT I과 SAT II 형태로 바뀌기 이전까지 SAT II는 'College Board Achievement Test'라 불리던 대입수능시험의 일종이었습니다. SAT I과 달리 학교에서 배우는 학과목 중에서 특정과목을 선정하여 그 과목에 관한 지식 또는 문제풀이 능력을 측정하고 배운 내용들을 실제로 어떻게 적용하는지 그 구체적인 능력을 측정하는 시험입니다.

대부분의 명문대학이 SAT II 시험에서 3개 이상의 과목에 대한 시험 성적을 요구합니다. 필수과목(주로 영어 작문과 수학)에 한 과목이 추가되는데, 추가되는 과목은 학생이 선택할 수도 있고, 지원하는 전공에 따라서 대학이 지정하기도 합니다.

하버드와 같은 아이비리그 대학에서는 SAT I을 기본으로 하고 추가로 SAT II 점수를 요구합니다. SAT II의 영어에는 문법 문제 외에도 작문이 포함되며 수학 역시 좀 더 어려운 부분에서 출제됩니다. 따라서 아무래도 SAT I보다는 SAT II 시험이 조금 더 어렵습니다.

특히 아이비리그에서는 작문(Writing)을 얼마나 잘하는가를 중점으로 봅니다. SAT II 영어에서는 작문을 통해 문법과 단어를 얼마나 아는지 테스트하는 데서 그치는 것이 아니라 맞춤법까지 정확하게 테스트합니다. 또 SAT I은 컴퓨터가 채점하는 데 반해 SAT II에 포함되는 작문은 문제 자체도 주관식이므로 선생님들이 직접 보고 점수를 채점합니다.

SAT I은 수학 800점, 영어 800점으로 총 1,600점을 만점으로 취급하는 데 반해 SAT II는 과목당 800점씩 점수를 별도로 체크합니다.

SAT II는 특정과목에 대한 지식과 적용능력을 측정하는 시험으로 시험 과목당 1시간씩 치러집니다. 개설된 시험 과목은 매우 다양한데, 각 대학마다 요구하는 과목이 다르므로 진학을 희망하는 학교에 문의한 후 시험 볼 과목을 선택해야 합니다.

SAT II 과목별 시험의 필수 및 선택과목은 다음과 같습니다.

· 영어(English) : 문학(Literature), 작문(Writing)
· 수학(Mathematics) : 수학IC(계산기 지참), 수학 IIC(계산기 지참)
· 역사와 사회학(History and Social Studies) : 미국역사와 사회학(American History and Social Studies), 세계역사(World

History).

· 과학(Science) : 생물학(Biology), 화학(Chemistry), 물리학
  (Physics)

· 어학능력평가(독해) : 불어(French), 독어(German), 현대 히브리
  어(Modern Hebrew), 이태리어(Italian), 라틴어(Latin), 스페인어
  (Spanish), 한국어(Korean), 중국어(Chinese)

· 어학능력평가(듣기) : 중국어, 불어, 독어, 일어, 스페인어, 영어,
  한국어

11장 미국의 학제 이해와 캠퍼스 입성전략

소위 일류라고 알려진 아이비리그나 미국 각 주를 대표하는 명문대학에 진학하기 위해서는 아무래도 고등학교 성적과 SAT 점수를 올리기 위한 노력이 가장 중요하겠습니다. 영어 실력 향상을 위해서는 철저한 단어 암기와 고전문학에서 현대문학에 이르기까지 꾸준한 독서가 필요합니다.

미국의 의무교육 12학년

이제 미국으로 유학을 가려는 분들이나 SAT를 준비하는 수험생에게 참고가 되도록 경험을 바탕으로 미국의 학제를 소개해보겠습니다. 미국의 학제는 한국과 조금 다릅니다. 한국의 의무교육은 초등학교 6년과 중학교 3년 도합 9년이지만 미국은 초등학교부터 고등학교까지 12년간 의무교육이 제공됩니다. 초등학교(Elementary School)는 한국보다 1년 이른 만 6세부터 5년 내지 6년간이며 중학교(Middle School)와 고등학교(High School)는 3년과 4년 혹은 3년과 3년제로 되어 있습니다. 주나 지역마다 학제는 조금씩 다른데, 제 경우는 초등학교 5년, 중학교 3년, 고등학교 4년 과정을 거쳤습니다. 하지만 저는 초등학교

2학년 때 편입했기 때문에 미국에서는 4년간 초등학교를 다닌 셈입니다. 또 미국에서는 초등학교에서 중고등학교의 학년을 연이어서 1학년에서 12학년으로 통칭합니다.

공립의 경우 수업료는 무료이지만 사립학교가 발달되어 있는 미국의 사립학교는 수업료가 비싼 편입니다. 개신교나 가톨릭에서 운영하는 미션스쿨은 상대적으로 저렴한 편이거나 교인의 자녀에게 무상으로 교육받을 기회를 제공하기도 합니다.

우리나라와 마찬가지로 대학 입학을 위해서는 고등학교 시절이 가장 중요합니다. 대학에서 대학 입학 이전 4년간의 성적과 학교 활동 정보를 요구하기 때문입니다.

미국의 중학교는 급속한 신체 발육과 변화의 시기에 맞춰 활동 지향적인 프로그램 중심으로 운영되는 특징을 가지고 있습니다. 물론 각 과목의 수업을 통해 학습의 기초를 다지도록 되어 있으며, 제 경우 중학교 때 공부에 전념하기 시작하여 졸업하면서 거의 전 과목에서 성적 우수상(트로피)을 받기도 했습니다. 한국이든 미국이든 대개 중학생 때의 공부 습관과 성적 수준이 고등학교까지 연장되기 때문에 중학교 때부터 성적에 신경을 쓰는 것이 좋습니다.

미국에도 사실상의 우열반이 있다

중요한 것은 역시 고등학교 과정입니다. 고등학교의 커리큘럼은 다양한 미국 사회의 영향으로 학교마다 조금씩 다릅니다.

미국의 교과과정 중 가장 큰 특징은 대학 진학 여부에 따라 공부하는 수준이 다르다는 점입니다. 고등학교 졸업만을 목표로 하는 '베이직 코스'(Basic Course), 일반 대학 진학을 목표로 하는 '칼리지 예비 과정'(CP : College Preparatory), 그리고 그보다 한 단계 위 수준인 '대학 학점 사전 이수'(AP : Advanced Placement) 과정 등이 있습니다.

칼리지 프로그램(CP)은 칼리지 코스라고도 하는데, 일반 대학에 가려면 이 과정을 거치면 됩니다. 가장 일반적인 고등학교 수업 과정이라고 할 수 있습니다. 기초과정이라고 할 수 있는 베이직 코스는 고등학교 졸업장만 받고 사회로 진출하려는 학생들이 선택하는 과정입니다. AP 과정은 높은 수준의 대학 수업을 미리 준비하는 과목별 과정입니다. AP 과정은 말 그대로 대학에서 배울 교양 과목 수준이므로 이 과정을 거치면 추후 대학에서 해당 과목의 학점을 미리 인정받게 됩니다. 명문 사립학교일수록 AP 과정을 많이 보유하고 있습니다. AP 과정이 많다는 것은 그만큼 성적이 우수한 학생이 많다는 뜻이기도 합니다. 제가 다닌 학교에는 아쉽게도 AP 과정이 많지 않았습니다. 저는 제가 대학에서 공부해야 할 생물학 등 몇 과목을 AP 과정으로 공부했습니다.

AP 과정의 특징은 똑같은 과목이라고 해도 좀 더 깊이 있게 공부하고 대학 시험에 준하는 수준으로 시험을 본다는 것입니다. 따라서 수학 점수가 같은 두 학생이 있다고 할 때 한 학생은 칼리지 프로그램의 수업을 듣고 다른 학생은 AP 과정의 수업을 들었다면, 당연히 AP 과정을 거친 학생의 점수를 더 높게 평가해줍니다. 심지어 AP 과정의 점수가 칼리지 코스에 있는 학생의 점수보다 약간 낮게 나오더라도 AP 과정의 점수를 더 높게 평가하기도 합니다. 예를 들어 대학에 가기 위해 서류를 낼 때에도 칼리지 과정에서 80점 맞은 것과 그 위 단계인 AP 과정에서 70점 받은 것을 비교하면 AP 과정에서 70점 맞은 것을 더 높게 평가할 수도 있다는 말입니다. 낮은 수준에서 높은 점수를 받은 것보다 아주 어려운 수준에서 보통 점수를 받은 것을 더 높이 인정해 준다는 뜻입니다. 그 학생은 평소 학습에 더욱 도전적이었으며 그 정도로 노력했다는 증거이니까요. 그러므로 실력이 있다면 시험 점수가 조금 낮아지더라도 더 높은 과정에서 공부하는 것이 유리합니다. 그렇다고 따라갈 수도 없으면서 무작정 욕심을 내어 높은 코스를 선택한다면 오히려 역효과를 낼 수 있습니다. 현재 학력에 맞춰 조금씩 실력을 높여나가는 것이 현명한 방법입니다.

이런 미국의 독특한 학제와 학급 운영 방식을 이해하기 힘들어 하는 한국의 부모님들이 베이직 코스에서 높은 점수를 받으면 무조건 좋은 줄로 착각하는 경우가 있습니다. 그러나 낮은 수준에서 높은 점수를 얻더라도 대학에서는 그 과정의 점수를 그다지 높게 평가하지 않는다는 점을 참고할 필요가 있습니다.

대학 진학을 위한 준비과정 : 시동 걸기

미국 대학교에 진학하기 위해서는 대개 11학년 2학기 때부터 SAT 시험을 치를 수 있도록 준비해야 합니다. SAT 시험을 치르고 나면 그 결과 점수에 따라 자기가 갈 수 있는 대학이 어디일지 전망할 수 있게 됩니다. 그래서 고등학교 마지막 학년인 12학년이 끝나기 전쯤이면 학생이 어느 대학에 가게 될 것인지가 정해지곤 합니다. 시기적으로 보면 12학년 1학기에 해당하는 해의 가을과 겨울, 즉 11월에서 12월 사이에 원서를 제출하여 이듬해 마지막 학기가 끝나기 전에 대학 면접 등의 입학전형을 거칩니다. 일반 대학이나 주립대학의 경우에는 2월 중에 발표가 나기도 하지만 미국의 명문 사립대학으로 분류되는 북동부의 아이비리그의 경우는 3월 말에서 4월 초가 되어야 발표가 나곤 합니다.

제 경우는 11학년 때부터 일찌감치 일부 대학에서 연락을 받기도 했습니다. 각 대학은 성적이 우수한 학생들에 대한 정보를 이미 가지고 있습니다. 10학년 때부터 볼 수 있는 PSAT(PSAT : Preliminary Scholastic Aptitude Test)의 시험 결과가 공개되기 때문입니다. PSAT는 SAT 시험의 예행연습으로 일종의 모의고사라 할 수 있는데 대학 진학과 직접적인 관계는 없습니다. 그러나 PSAT 결과는 일부 대학에서 우수한 학생을 미리 확보하기 위한 자료로 활용되며, 학생 당사자 역시 SAT 점수를 예상해볼 수 있는 근거자료가 되기도 합니다. 이 시험이 대학 진학 사정을 위한 필수요건에 해당하지는 않습니다. 그러나 기업이나 정부, 그리고 장학재단에서 장학생을 선발하는 근거자료가 되며 이 시험 결과 상위권 학생에게는 대학 진학 시 제공되는 장학금과는 별도의 장학금이 지급됩니다. 감사하게도 저 역시 이 시험 결과가 우수하여 대학 장학금과는 별도의 장학금(National Merit)을 받게 되었습니다.

대학 진학에 SAT 점수가 중요한 이유

주간시사잡지인 'US News & World Report'는 매년 대학안내서 (America's Best Colleges)를 발행하는데 이 자료에 따르면 최근 10대

최우수 대학의 합격자들의 SAT 평균 점수가 1,200점을 훨씬 상회하는 것으로 나타났습니다. 그리고 합격자 중 70퍼센트 이상의 고등학교 석차가 상위 10퍼센트에 속하는 우수학생인 것으로 나타났습니다. 이런 점으로 미루어보면 미국의 주요 대학들은 대개 SAT 점수와 고등학교 성적을 합격자 선정 기준에 고루 반영하는 것으로 보입니다. 그러나 이것은 어디까지나 통계수치일 뿐, 자신이 희망하는 대학의 정보는 해당 학교의 웹사이트나 기타 자세한 진학정보를 통해 구체적으로 조사해보아야 할 것입니다.

소위 일류라고 알려진 아이비리그나 미국 각 주를 대표하는 명문대학에 진학하기 위해서는 무엇보다 고등학교 성적과 SAT 점수를 올리기 위한 노력이 선행되어야 합니다. 영어 실력 향상을 위해서는 철저한 단어 암기와 고전문학에서 현대문학에 이르기까지 꾸준한 독서가 필요합니다. 타임지와 같은 시사주간지도 빼놓지 않고 읽는 것이 좋습니다. 특히 앞으로는 SAT I에서도 작문이 포함될 예정이어서 영어 작문 실력이 더욱더 중요해질 전망입니다.

수학도 기초 수학문제만 연습하는 데서 그치지 말고 대수 1과 기하학까지 많은 문제를 풀어보고 정확하게 풀 수 있는 실력을 갖추어야 할 것입니다.

미국 대학 진학을 준비하기 위해 공부해두면 좋을 대표적인 참고서를 소개합니다.

· *Enriching Your Vocabulary.* by Joseph R. Orgel(Sadieroxford New York)

- *Vocabulary for College*, Books A, B, C and D. by Paul B. Diederich(Harcout Brace Jovanovich, New York)
- *Verbal Workbook for SAT.* by Mitchel Weiner(Barron's Educational Series)
- *Mathematical Workbook for SAT*(Barron's Educational Series)
- *10 SAT's Actual and Complete SAT's*(The College Board)

특히 마지막에 소개한 책은 10년간 SAT에 출제되었던 시험문제를 모아놓은 책이므로 매주 1회 이상 주말마다 3시간씩 실제처럼 모의시험을 치러보는 것이 좋습니다. 그러면 자기 실력을 객관적으로 알 수 있고 실제 시험에 응시하는 요령도 키워나갈 수 있습니다. 저도 이런 책들을 반복해서 보면서 SAT시험을 준비했습니다.

SAT를 위한 실력 향상은 단시일에 이뤄지는 것이 아닙니다. 고등학교 입학 이후부터 꾸준히 반복해서 문제를 풀어보는 것이 좋습니다. 이 점에서 한국에서 대학입학 수능고사를 준비하는 수험생들과 동일한 원리가 적용됩니다. 짧은 시간 안에 중요한 시험에 완벽하게 대비하는 방법이란 결코 없습니다.

대학 진학에 필요한 서류 전형
대개 대학에서는 네 가지 서류를 통해 입학 여부를 결정합니다.

1. 고등학교 성적표
2. SAT I 성적(영어, 수학)

3. SAT II (Achievement Test) 성적(영어, 수학 그리고 선택과목)

4. 추천서와 에세이, 특별활동 및 특기 증명서

이중 가장 중요한 것이 고등학교 성적(석차)과 SAT 점수입니다. 그런데 미국 대학은 성적 이외의 요건까지 매우 중요하게 생각합니다. 미식축구, 축구, 야구 등 대학 체육을 위해 기여할 수 있는 학생에게는 기본적으로 평균 점수보다 5 내지 10점 정도 낮더라도 입학이 허락되기도 합니다. 또한 다른 예능 방면에서도 뛰어난 업적을 이룬 경우 입학 결정에 유리하게 작용할 수 있습니다. 그리고 최근에 이민 온 학생이나 외국에서 유학을 목적으로 SAT 시험을 본 외국인들에게도 일정 비율로 입학의 기회를 제공하고 있습니다.

한국에서 SAT와 유학을 준비한다?

미국 전역에서 SAT 시험을 보는 사람은 보통 1회에 140만 명에서 200만 명 정도 된다고 합니다. 만일 한국에서 미국 유학을 위해 이 시험을 준비하려고 하는 학생이라면 일부 어학원에서 SAT 준비를 위한 인터넷과 자체 수강 프로그램을 통해 정보를 제공하고 있으니 그곳을 먼저 참고하는 것이 좋겠습니다.

또한 한국의 대형서점에서도 SAT 기출 문제 모음집이 수입되어 팔리고 있는 것으로 알고 있습니다. 제가 2003년 여름 서울에 들렀을 때 서울 시내 대형서점을 둘러볼 기회가 있었습니다. 그때 원서를 취급하는 매장에 가보니 제가 미국에서 보았던 SAT 시험 기출문제집 등 미국의 고등학생들이 보는 참고서가 즐비했습니다. 한국에서도 SAT

를 준비하는 학생들이 많다는 사실에 저는 매우 놀랐습니다.

SAT와 미국 대학 진학에 대한 정보 사이트도 참고해보십시오.

www.collegeboard.com

SAT 주관처인 컬리지보드의 홈페이지. SAT 응시와 관련된 일체의 정보를 담고 있습니다.

www.ets.org

SAT의 위탁 관리처인 'Educational Test Service'의 홈페이지. 토플 시험 정보도 보여줍니다.

www.usnews.com/usnews/edu/eduhome.htm

미국 내 대학 관련 통계정보 등 교육 관련 뉴스를 얻을 수 있는 사이트입니다.

www.petersons.com/ugrad

미국 내 대학에 대한 상세한 정보를 총망라하고 있습니다.

www.fulbright.or.kr

미국 유학을 꿈꾸는 한국의 학생이라면 반드시 보아야 할 한미교육위원단의 사이트입니다

www.princetonreview.com

미국 프린스턴 리뷰의 홈페이지. 미국 내 각종 시험에 관한 정보를 다룹니다.

www.bestuhak.com

세계 각국 유학 관련 정보가 잘 정리된 국제교육연구원 홈페이지. 세계대학의 홈페이지를 쉽게 찾아볼 수 있습니다.

다음은 미국 대학에 대한 정보를 제공하는 사이트입니다.

www.collegenet.com
www.collegeview.com
www.collegexpress.com

다음은 SAT와 관련한 온라인 강의를 제공하는 사이트입니다.

www.uscollegeprep.com
www.SAT Iprep.com
www.freevocabulary.com
www.ivy.com
www.prepusa.net
www.satmath.com
www.testtakers.com

www.testprep.com

www.pbs.org/wgbh/pages/frontline/shows/sats

SAT를 강의하는 한국 내 학원들도 도움이 될 것입니다.

검색엔진 사이트에서 'sat'를 입력하면 국내에서 SAT를 지도하고 미국 유학에 관한 도움을 주는 학원들을 소개해줍니다.

카플란어학원 www.kaplankorea.com

프린스턴 리뷰 어학원 www.tpr.co.kr

대학로외국어학원 www.univro.com

이익훈어학원 www.ike.co.kr/sat_home/index.asp

유학정보 www.eduhouse.net

12장 하버드로 가는 길

미국에서도 상위권 명문대학에 진학하고자 할 경우 물론 성적이 가장 중요합니다. 그러나 그에 못지않게 중요하게 생각해야 할 부분이 바로 과외활동입니다. 그런데도 과외활동은 한국 학생들이 가장 신경 쓰지 못하는 취약 부분입니다.

SAT 못지않게 중요한 것!

SAT 시험은 사실 미국 대학에 진학하기 위한 필수과정 중 하나일 뿐입니다. 과외활동이나 추천서, 자기소개서(에세이) 제출 등 해야 할 일은 많습니다. 등록금과 기숙사 비용 등 많은 돈이 필요하므로 장학 제도에 대해서도 미리 알아둘 필요가 있습니다.

미국 대학 진학에 대해 알기 위해 먼저 한국과 미국의 대학이 서로 다른 점을 이해할 필요가 있습니다. 우선 가장 큰 차이점은 학생을 뽑는 기준입니다. 한국의 대학은 합격 조건으로 수능고사 성적을 중심으로 하되 내신성적 일부를 반영하는 방식을 택하고 있습니다. 즉, 수능시험 결과가 절대적인 입학 기준이 되고 있는 셈입니다. 그러나 미국 대학은 반드시 그렇지만은 않습니다. 학업 성적뿐만 아니라, 과외활동, 리더십, 인성, 봉사활동 등 다양한 요소들이 입학 사정에 반영됩니다.

제가 앞서 저의 학창시절을 소개할 때 육상과 병원 봉사활동 등 다양한 경험을 언급한 바 있습니다만 미국 대학에서는 그런 활동이 중요한 경력으로 취급됩니다. 미국에서도 상위권 명문대학에 진학하고자 할 경우 물론 성적이 가장 중요합니다. 그러나 그에 못지않게 중요하게 생각해야 할 부분이 바로 과외활동입니다. 그런데도 과외활동은 한국 학생들이 가장 신경 쓰지 못하는 취약 부분입니다.

보통의 미국 대학은 GPA, SAT I 점수만 가지고 학생을 뽑지만, 상위권 대학은 다릅니다. SAT II는 물론이고, 과외활동, 리더십, 특기 등 기타 요소 또한 상당히 중요하게 평가합니다. 상위권 대학교에서 성적을 소홀히 여긴다는 말이 아닙니다. 상위권 대학에 지원하는 지원자들은 대부분 좋은 성적의 GPA와 SAT I의 고득점을 가지고 있습니다. 그러므로 과외활동 평가가 변수로 작용할 수 있습니다. 따라서 일반 대학과 달리 학업 성적 이외의 내용들까지 중요하게 취급하는 것입니다.

많은 학생들이 어떤 활동을 하는 것이 입학 담당자들에게 더 좋은 인상을 주는지 궁금해 합니다. 그러나 저는 학생이 어떤 활동을 하느냐 하는 것보다 얼마나 꾸준히, 열성을 가지고 그 활동을 하느냐가 더 중요하다고 생각합니다.

입학 전형의 종류와 시기

대다수의 미국 대학들은 9월부터 신학기를 시작합니다. 입학원서는 일찌감치 배부되는데, 전형 방식으로는 특차전형과 비슷한 개념의 조기 입학(Early Decision), 혹은 조기 지원(Early Action) 그리고 정시 입학(Regular Decision) 등이 있습니다. '조기 입학'은 정시입학보다 몇 달 앞서 지원하되 합격하면 반드시 그 대학에 가야 하는 반면, '조기 지원'은 미리 지원하는 것이기는 하지만 합격했다고 해서 반드시 그 대학에 갈 의무가 있는 것은 아닙니다. 조기 입학과 조기 지원의 경우에는 10월 말에서 11월 초에 합격자 발표가 이루어집니다. 저는 정시 입학(Regular Decision)에 접수했으므로 12월 말부터 하버드 등 여러 명문대 입학을 준비했습니다. 정시 입학의 경우 합격자 발표는 주로 4월 초에 합니다.

저는 보스톤대학, 펜실베니아주립대학, 듀크대학, 브라운대학, 코넬대학, 존스홉킨스대학, 하버드대학 등 7개 대학에 지원했습니다. 제가 대학 입학 전형을 하는 기간 내내 우리 가족은 저를 위해 날마다 시간을 정해놓고 성경을 읽으며 기도하는 시간을 가졌습니다. 형이 대학에 갈 때 그랬던 것처럼, 가족들은 매일 밤 11시에 저를 위해 기도해주었습니다. 하버드의 발표를 기다리는 사순절 기간에도 부모님은 한국에서 40일간 작정기도를 하셨습니다. 그렇게 기도하며 대학 합격 발표를 기다리다가, 드디어 4월 1일 인터넷을 통해 합격자 발표를 확인하는 날이 되었습니다.

SAT I 시험 결과를 확인하던 날에 그랬던 것처럼, 저는 방문을 닫고 인터넷에 접속하여 합격통지를 확인했습니다. 하버드대학 합격 발표를 본 순간 저는 너무 기뻐 크게 소리 질렀습니다. 하지만 금세 그 자리에 철퍼덕 주저앉아 무릎을 꿇고 감사기도를 드렸습니다.

처음에 저는 특차모집에 해당하는 조기 입학방식을 통해 존스홉킨스를 지원하기 희망했으나 어머니의 조언에 따라 정시모집에 응했습니다. 학부는 존스홉킨스에서, 대학원은 하버드의과대학에 진학할 계획을 세워두었으나, 결과적으로는 학부에서부터 하버드로 진학하게 된 셈입니다.

미국 대학 학비, 어느 정도 되나?

합격 통보를 받은 다음 제가 하버드로부터 초조한 마음으로 기다린 소식이 한 가지 있었습니다. 그것은 바로 장학금 지급 결정 통보였습니다. 미국 대학의 학비는 매우 비쌉니다. 특히 사립대학의 경우 상상을 초월한다고 해도 과언이 아닙니다. 그렇기 때문에 장학금을 기대하지 않을 수 없는 형편이었습니다.

저는 하버드로부터 합격을 통보받은 다음 그 기쁨도 잠시, 곧바로 학비에 대한 걱정을 하지 않을 수 없었습니다. 제게 통보된 등록금 고지서에 따르면 등록금과 기숙사비 등을 모두 포함하여 학기당 2만 불이 넘는 돈이 들 것으로 예상되었습니다. 학부 4년 동안 매학기 지불해야 할 돈이므로, 대학을 다니는 동안 장학금을 한 푼도 받지 못한다면 한국 돈으로 무려 2억 원이 넘는 돈이 필요하다는 계산이 나옵니다.

저는 합격 통지서를 받아든 다음부터 장학금을 위해 기도했습니다. 이미 합격이 결정된 다른 대학에서도 풀스칼러십을 약속받기는 했습

하버드대학교에서도 하나님을 위해 공부하며 하나님과 함께 생활할 것을 다짐하는 지인환 군이 하버드대학교 채플 앞에서 기념촬영을 했다.

니다만, 하버드에서도 장학금을 기대하지 않을 수 없었던 것이지요. 그런데 감사하게도 4월 20일경, 저는 하버드로부터 장학금에 해당하는 등록금과 기타 비용인 기숙사비와 보험료 등이 해결되는 풀스칼러십 통보를 받게 되었습니다. 너무나 감사했습니다.

내신성적과 과외활동의 중요성

미국 대학이 입학생들을 선발하는 기준은 SAT 점수 외에도 매우 다양합니다. SAT 외에도 인터뷰를 통해 성격과 성품을 파악하고 학창시절의 봉사활동과 과외활동을 검토합니다. 또한 학교 다니는 동안 얼마나 성실하게 공부했는지 파악하기 위해 내신성적도 반영합니다. 미국의 내신성적은 GPA라고 하는데 'Grade Point Average'의 약자로 말 그대로 학업 성적의 평균 점수를 말합니다.

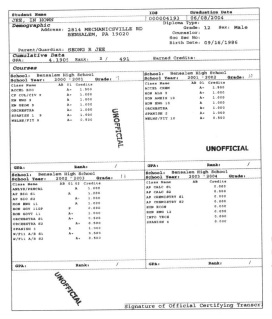

Student Name: JEE, IN HOWN | ID#: 000004193 | Graduation Date: 06/08/2004

Demographic

Address: 2814 MECHANICSVILLE RD, BENSALEM, PA 19020

Diploma Type:
Grade: 12 Sex: Male
Counselor:
Soc Sec No:
Birth Date: 09/16/1986

Parent/Guardian: SEONG R JEE

Cumulative Data

GPA: 4.1909 Rank: 2 / 491 Earned Credits:

Courses

School: Bensalem High School
School Year: 2000 - 2001 Grade: 9

Class Name	AB	01	Credits
ACCEL BIO		A+	1.500
CP CUL/CIV 9		A+	1.000
HN ENG 9		A	1.000
HN GEOM 9		A+	1.000
ORCHESTRA		A+	1.000
SPANISH 1 9		A+	1.000
WELNS/FIT 9		A+	0.500

UNOFFICIAL

GPA: Rank: /

School: Bensalem High School
School Year: 2001 - 2002 Grade: 10

Class Name	AB	01	Credits
ACCEL CHEM		A+	1.500
HON ALG 2		A+	1.000
HON AMHIS 10		A+	1.000
HON ENG 10		A	1.000
ORCHESTRA		A+	1.000
SPANISH 2		A+	1.000
WELNS/FIT 10		A+	0.500

UNOFFICIAL

GPA: Rank: /

School: Bensalem High School
School Year: 2002 - 2003 Grade: 11

Class Name	AB	01	02	Credits
ANLYS/PRECAL			A	1.000
AP BIO S1		A		1.000
AP BIO S2			A-	1.000
HON ENG 11			A	1.000
HON GOV 11GP		P		0.000
HON GOVT 11		A+		1.000
ORCHESTRA S1		A+		0.500
ORCHESTRA S2			A+	0.500
SPANISH 3		A		1.000
W/F11 A/B S1		A+		0.500
W/F11 A/B S2			A+	0.500

GPA: Rank: /

School: Bensalem High School
School Year: 2003 - 2004 Grade:

Class Name	AB	Credits
AP CALC S1		0.000
AP CALC S2		0.000
AP CHEMISTRY S1		0.000
AP CHEMISTRY S2		0.000
HON ECON		0.000
HON ENG 12		0.000
INFO TECH		0.000
SPANISH 4		0.000

GPA: Rank: /

UNOFFICIAL

Signature of Official Certifying Transcri

내신성적 관리는 가장 중요한 부분이다. 9학년에서 11학년까지의 평균점수(GPA) 4.1909점, 전체 순위 491명 가운데 2등, 전 과목 A학점임을 보여주는 지인환 군의 고등학교 시절 성적표

한국에서 '수우미양가'의 형태로 점수를 매기듯이 미국 대부분의 고등학교에서는 'ABCD'의 형태로 점수를 매기는데, 이런 점수의 평균을 낸 것이 바로 GPA입니다.

또한 (한국의 고등학교 학생들에게는 그다지 해당되지 않겠지만) 학생이 이수한 과정의 난이도도 중요하게 작용합니다. 똑같이 평균 3.5를 받았더라도 'AP'나 'Honors' 과정처럼 어려운 수업에서 해당 점수를 받은 학생과 비교적 쉬운 과목에서 같은 점수를 받은 학생을 다르게 평가한다는 말입니다.

당연한 말이지만 한 번 받은 GPA는 절대 고칠 수 없습니다. 낮은 SAT 점수나 TOEFL 점수는 얼마든지 시험을 다시 봐서 올릴 수 있지

만, 한번 받은 GPA를 되돌릴 수 있는 방법은 없습니다. 실제로 많은 대학들이 입학 사정 기준에서 GPA에 높은 비중을 두고 있으므로, 교포 학생이라면 GPA를 철저히 관리하는 것이 매우 중요합니다.

에세이 제출

대학에 입학서류를 낼 때는 A4 1장 분량 정도의 에세이(essay)를 써서 제출하게 되어 있습니다. 이 에세이(자기소개서)는 매우 중요하기 때문에 학생들은 가급적 출신학교 선생님에게는 물론 교육 전문가에게 의뢰하여 조언을 받곤 합니다. 이 에세이는 비교적 쉬운 단어와 간단한 문장을 활용하면서도 생각을 분명하게 전달하는 문장 능력에 특히 높은 점수를 주는 것으로 알려져 있습니다. 다음은 제가 쓴 에세이입니다.

하버드대학교 입학을 위해 제출한 에세이(자기소개서)

I immigrated to the U. S. with my family as a seven-year-old boy from Korea. My parents had explained to me that it was necessary for my dad to continue his studies and his ministry as a pas-

나는 7살 어린 나이에 한국을 떠나 가족과 함께 미국으로 이민을 왔습니다. 부모님은 아버지께서 목회자로서 공부와 사역을 계속하시기 위해 필요한 일이라고 설명해주셨습니다. 사실 나는 흥분이 되어, 세상에서 가장 선망의 대상인

원본은 하버드대학교 입학을 위해 제출된 영문 에세이이며 독자들의 이해를 돕기 위하여 한글번역을 함께 게재합니다 – 편집자 주.

---

tor. Honestly, I was excited and can remember boasting to friends about this special opportunity to live in the most respected nation in the world. I can even remember planning out my childhood as we flew over the Pacific. I told my brother, who was nine years old at the time, that we could each have a bike and that we could ride around the neighborhood with our new friends. I couldn't wait to get off the plane and have the chance to live out so many of my fantastic dreams. This flight took place ten years ago and the things that have happened since then are things I had not anticipated as an excited little boy.

With the help of a generous man, we were able to find a one-room apartment in the suburbs of Philadelphia. Because I had never really lived elegantly, at least in the materialistic sense, I didn't really mind the small house and the humble lifestyle in America.

나라에서 살게 되는 특별한 기회를 가지게 되었다며 친구들에게 자랑하던 기억이 납니다. 심지어 나는 태평양 상공을 날아가면서 나의 어린 시절을 구상하기도 했습니다. 나는 당시 9살이던 형에게 미국에 도착하면 우리 둘 다 자전거를 하나씩 가질 수 있을 것이며 새로 사귀는 친구들과 함께 자전거를 타고 동네를 돌아다니자고 말했습니다. 나는 이토록 환상적이고 수많은 꿈이 이루어지기를 기다리는 마음에 얼른 비행기에서 내리고 싶었습니다. 이 여행은 10년 전에 일어난 일입니다만, 그 이후부터 일어났던 모든 일은 들뜨고 흥분했던 어린 소년이 기대한 것과 달랐습니다.

우리 가족은 어느 친절한 분의 도움을 받아 필라델피아 교외에 있는 원룸 아파트를 구하게 되었습니다. 물질적으로 그다지 부유하게 살아본 적이 없던 저로서는 침실 하나뿐인 작은 집과 미국에서의 가난한 삶의 방식에 대해 전혀 개의치 않았습니다. 하지만 비록 그렇게 어린 나이였지만 점차 그런 라이프스타

At that young age, however, I began to see the disadvantages of such a lifestyle; a year went by before my parents bought us a bike, and they could only afford to buy us one. I tried to argue for a second bike but now I realize the struggles that my parents had in raising us and trying to settle in to a new world. Early on, we also realized how difficult it was to live in America without a car. I can remember walking through the snow to a 7-Eleven to pick up groceries with my dad.

After my parents bought a used Ford Tempo and as my brother and I started school, it seemed as if things were starting to fit together. The language barrier and the difference in cultures, however, made it difficult for us to adjust. I remember the teasing and the frustration but I also realize how much harder it was for my dad. He was attending school for his masters and studying in a

일의 불리한 점을 알기 시작했습니다. 1년이 넘도록 부모님은 저희 형제에게 자전거를 사주지 못했고 나중에도 고작 한 대만 사주셨을 뿐입니다. 그때 나는 자전거를 한 대 더 사달라고 졸랐지만, 이제 와서 생각해보니 부모님께서 우리를 기르며 새로운 세상에 정착하기 위해 얼마나 노력하고 악전고투하셨는지 깨달았습니다. 우리 가족은 미국에서 자동차 없이 살아간다는 것이 얼마나 힘든 일인지도 알게 되었습니다. 미국에 와서 첫 해 겨울에는 아버지와 함께 눈길을 헤치고 걸어나가 세븐일레븐(편의점)에서 식료품을 사왔습니다.

부모님은 중고 포드 템포 승용차(미국에서 가장 싼 차종의 하나)를 구입하셨습니다. 형과 내가 학교를 다니기 시작하면서부터 조금씩 모든 일이 자리를 잡아가는 것 같았습니다. 그러나 우리 가족은 언어의 장벽과 문화 차이로 미국생활에 적응하는 일에 어려움을 느꼈습니다. 주위에서 나를 짓궂게 괴롭히거나 좌절감을 느끼게 한 일도 기억납니다. 하지만 저는 아버지가 얼마나 어려우셨을지 곧 깨달았습니다. 아버지는 신학 석사학위를 받기 위해 학교를 다니면서

language that did not come naturally to him. Although we were excited when he received a position to be a pastor at a local Korean church, it became a colossal task for him to balance his job as a pastor with the demands of schooling. Almost daily during summer vacation, I followed him to the library. While my dad studied in silence, my brother and I ran around and skimmed through numerous books with illustrations. My mom tells me now how spending so much time in the library lowered the electric cost for air-conditioning our home.

Hearing my mom's commentaries and recalling how my dad spent so many sleepless nights trying to write essays on vague topics about the Bible, I see my dad as an even greater man than I had before. Regardless of how difficult the process turned out to be, he was able to complete everything he took on. He

아버지에게 자연스럽지 않은 언어(영어)로 공부해야 하셨습니다. 아버지가 그 지역 한인 교회의 목회자가 되셨을 때 우리 가족은 기뻤습니다. 하지만 그 일은 아버지에게 학교에서 요구하는 공부와 목회 사역 사이에 균형을 잡아야 하는 크나큰 과제가 되기도 했습니다. 여름방학이면 나는 거의 매일 아버지를 따라 도서관으로 갔습니다. 아버지께서 조용히 공부하시는 동안 형과 나는 도서관을 휘젓고 다니며 수많은 그림책들을 훑어보았습니다. 어머니는 우리 가족이 줄곧 많은 시간을 도서관에서 보냈기 때문에 에어컨을 가동하는 데 드는 전기요금을 상당히 절약할 수 있었다고 말씀하십니다.

어머니의 회고담을 들으며, 그리고 아버지가 성경에 관한 난해한 주제를 다루는 에세이를 쓰시려고 수많은 밤을 잠 못 이루시던 일을 돌이켜보면서, 나는 아버지가 내가 알던 그 어떤 사람보다 훌륭한 분이라는 것을 알게 되었습니다. 몹시 어려운 과정이었는데도 불구하고 아버지는 맡겨진 모든 일을 완수하셨습니다. 아버지는 28년 동안 예배 처소를 빌려서 모여온 작은 교회를 목회하며 급

acquired his M. Div (Master of Divinity) and his D. Min (Doctorate of Ministry), while leading a small church to finally construct its own building after 28 years of complication-ridden renting. And in the midst of all this, I lived out my own little "success" story by following my dad's example and encouragements. I can say, proudly, that I've grown to develop a love of learning in a country that I felt was not my own for a long time. I'm also excited to be able to say that I've found my own passion of studying to become a doctor.

If I could relive my past, I would not have it any other way. Everything I've experienced, from my first day in an American school to my first English trophy, has made me so much more aware of the blessings in my life and the success that can be had at the end of a hard-fought struggle.

기야 예배당을 건축했고 그 과정 속에서도 신학석사와 목회학박사 학위를 받으셨습니다. 이 모든 일의 와중에 아버지가 보여주신 모범과 격려에 의지하여 저는 저만의 작은 성공을 일구기 위해 매진했습니다. 저는 이제 오랫동안 내 나라라고 실감하지 못했던 나라에서 배움에 대한 애정을 키워나갈 수 있도록 성장한 사실을 자랑스럽게 말할 수 있습니다. 그리고 의사가 되기 위해 공부하고자 하는 저의 열정도 발견했습니다. 이 점을 말할 수 있어서 무척 기쁩니다.

만일 내가 지난날을 다시 살 수만 있다면 나는 다른 어떤 길도 택하지 않을 것입니다. 미국인 학교에 처음 등교하던 날을 시작으로 첫 번째 영어과목 성적 우수 트로피를 받는 과정에서 경험했던 모든 일은 내 삶에 주신 축복이었으며 열심히 노력한 끝에 가질 수 있었던 성공이라는 사실을 깨달았기 때문입니다.

형은 물론 형의 에세이에 대해 조언해주셨던 영어 선생님도 제 에세이를 보시고 "매우 우수한 글이다. 이대로 아주 좋다"라고 호평해주셨습니다. 칭찬에 인색한 것으로 소문난 그 선생님의 칭찬으로 나는 조금 당황스러웠습니다. 선생님은 교사 생활 몇 십 년 만에 짧지만 이렇게 감동적으로 적은 자기소개서를 본 적이 없다면서 저를 칭찬해주셨습니다. 저는 자신감을 가지고 하버드에 이 에세이를 제출했습니다. 대학에 보낼 에세이는 적절한 단어를 사용하면서도 솔직하게, 학생의 삶과 생각을 표현하는 것이 중요하다고 합니다. 그런 측면에서 이 에세이가 호평을 받은 것 같습니다. 일부러 단어를 많이 아는 것처럼 어려운 단어들만 나열하는 것은 역효과를 가져올 수도 있기 때문입니다.

지인환을 추천하며

대학입학 원서에는 학생이 다니던 고등학교의 선생님이나 활동했던 단체나 교회 지도자들의 추천서가 포함되기도 합니다. 다음은 제가 다닌 교회 청소년부의 전도사님이 저를 위해 써주신 영문 추천서입니다.

To Whom It May Concern:

I have known David Jee(In-Hwan Jee) for about three years while I served Bensalem Korean United Methodist Church as a Youth Pastor. I'm very pleased to write this letter of recommendation for David because David Jee has been a dedicated and committed member of Youth Ministry.

Here are some of the services David Jee performed in Bensalem Church.

First, David Jee has served the church as a Sunday School teacher for children during Vacation Bible School in summer time for four consecutive years. He taught Bible in a classroom, led songs, helped with crafts, decoration and various activities.

Second, David volunteered in church Orchestra as a violinist.

Third, he tutored students who had difficulty with English and

관계자에게

저는 벤살렘교회에서 청소년부 전도사로 사역하며 약 3년 동안 지인환 군을 알고 지냈습니다. 인환 군이 청소년부 회원으로서 헌신적이고 열심 있는 회원이었으므로 제가 인환 군을 추천하는 편지를 쓸 수 있게 되어 대단히 기쁘게 생각합니다.

이 편지에 쓴 내용은 인환 군이 벤살렘교회에서 보여준 봉사 중 일부에 지나지 않습니다.

첫째, 인환 군은 4년간 한 번도 빠지는 일 없이 매년 여름 여름성경학교의 교사로 봉사했습니다. 인환 군은 성경학교에서 어린이들에게 성경을 가르치고 찬양을 인도했으며, 각종 만들기와 실내 장식, 기타 다양한 활동에 도움을 주었습니다.

둘째, 인환 군은 교회 오케스트라에서 자원봉사자로 바이올린을 연주했습니다.

셋째, 인환 군은 영어 과목과 기타 학과목이 부진하여 어려움을 겪는 학생들

other subjects.

Fourth, David assisted the Youth Ministry worship service by playing the guitar and setting up chairs.

Fifth, David Jee was nominated as a Mission Co-ordinator and was in charge of corresponding with sponsored child in Ethiopia by sending monthly donation and writing letters.

Sixth, David Jee served in Mexico for two weeks with the Mission Team. He helped the Mexican children with Summer Bible Camp and visited people in Cansahcab village.

Lastly, during Christmas David participated in Christmas Caroling for elders and giving gifts for children whose parent is incarcerated.

I heartily recommend David Jee for his academic pursuit at University not only because of his ability to excel in higher educa-

을 지도해주었습니다.

넷째, 인환 군은 청소년부 집회 때마다 기타를 연주하고 의자를 배치하는 일을 하며 청소년부 예배를 도왔습니다.

다섯째, 인환 군은 선교팀의 간사로 선정되어 매달 에티오피아에 사는 어린이에게 기금과 편지 보내는 일을 하는 책임자로 봉사했습니다.

여섯째, 인환 군은 2주간 선교팀의 일원으로 멕시코에서 봉사했습니다. 인환 군은 여름성경수련회에서 멕시코 어린이들을 섬겼으며 멕시코 캔사캡이라는 마을의 사람들을 방문하기도 했습니다.

마지막으로, 인환 군은 성탄절에 청소년부 학생들과 함께 외로운 노인들을 찾아가 캐럴을 불러주었으며, 부모님이 교도소에 수감되어 있는 어린이들에게 선물을 전달하기도 했습니다.

나는 인환 군이 단지 학습 능력이 뛰어나기 때문에 계속해서 고등교육을 받아야 한다는 생각으로 귀 대학교에 추천하려는 것이 아닙니다. 인환 군의 성실

tion, but also for his personal character of dependability and responsibility. David Jee will certainly be an asset to the University and this society.

Sincerely,

James C. Cho Youth Pastor at Bensalem KUMC

하고 책임감 있는 성격을 보고 추천하는 것입니다. 인환 군은 귀 대학과 이 사회를 위해 반드시 가치 있는 사람이 될 것입니다.

벤살렘교회 청소년부 조진희 전도사

13장 유학을 준비하는 한국 학생들에게

유학이나 이민을 간다고 해서 모든 문제가 해결되는 것은 아닙니다. 중요한 것은 학생 스스로 공부하는 스타일이 바뀌는 것입니다. 그렇지 않고 유학만 가면 되고, 유학 못 가고 한국에 남으면 안 된다는 식의 생각은 잘못입니다.

유학 열풍

미국에는 공교육에 해당하는 학교 교육이 여전히 살아 있습니다. 그에 비한다면 한국의 공교육은 저처럼 미국 공교육의 혜택을 받은 사람으로서는 이해하기 어려운 부분이 있습니다. 장점도 물론 있겠습니다만 안타까운 점도 많아 보입니다.

한국의 교육 환경을 말할 때는 대개 부정적인 평가가 앞서곤 합니다. 경쟁이 심하고 지나치게 공부 중심이기 때문입니다. 모든 시간을 공부하는 데 전념하지 않으면 학급에서 1등을 하기란 매우 힘이 듭니다. 대학에 가는 것도 문제입니다만, 각자 개성을 살려 달란트 중심으로 자기 개발을 해야 할 청소년 시기에 공부 스트레스로 지쳐가는 것도 문제이지요. 또한 획일적인 교육 시스템 때문에 대학을 다니더라도 효율적으로 능력을 개발할 수 없어 사회에 진출해서도 유익한 도움을 주지 못한다는 것이 더 큰 문제라고 생각됩니다.

사정이 이렇다보니 한국에서는 일부 계층을 중심으로 유학에 관한 관심이 높아지는 것 같습니다. 한국의 교육현실과 사회적 한계를 벗어나 한국보다 나은 선진형 교육을 체험하고 다른 진로를 찾아보려 하기 때문입니다. 하지만 미국 유학에 양지만 있는 것은 아닙니다. 제 경험과 주변의 사례를 살펴보건대, 미국 유학의 긍정적인 측면뿐만 아니라 부정적인 측면도 모두 고려해야 한다고 생각합니다. 여러 이유로 유학을 검토하는 분이라면 더욱 신중하게 고려하고 관련 정보를 충분히 검토해보기 권합니다.

이 장에서는 유학을 고려하거나 유학에 대해 궁금해 하는 분들에게 몇 가지 조언을 드리려고 합니다. 그런데 기대와 달리 제 조언에 부정적인 측면이 많을 것 같아 걱정스럽습니다. 그만큼 신중하게 생각하고 결정하시기 바라는 마음 간절합니다.

유학, 결정하기 전에 신중한 검토부터

미국에서는 공부하는 만큼 효과를 거둘 수 있고 그만큼 쉽게 공부에 자신감을 가질 수 있는 분위기가 형성되어 있습니다. 그것은 분명한 사실입니다. 그래서 저는 유학이 더 좋은 결과를 제공하리라고 믿는 분이라면, 그리고 유학을 갈 수 있는 기회가 있는 분이라면 유학을 가는 것도 좋겠다고 말씀드립니다. 유학을 갈 경우, 어쩌면 한국에서보다 성공할 기회가 더 많아질 수 있습니다. 그렇지만 학생 스스로 정말 공부할 마음이 없다면 유학을 가더라도 아무 소용이 없습니다. 유학을 가기만 하면 누구든지 공부를 잘하게 되는 것은 아니라는 말입니다. 한국에서도 공부가 안 되고 공부하기 싫었는데 유학 가면 잘 되리라고 생각한다면 그것은 착각입니다. 저는 미국생활을 하면서 한국에서도 공부하기 싫어하던 학생들은 유학을 와도 마찬가지라는 것을 익히 보고 있습니다.

간혹 자녀의 공부 문제로, 혹은 교육 환경에 염증을 느낀 부모님이 한국에서 다니던 좋은 직장을 다 버리고 아이들을 데리고 이민을 오는 경우가 있습니다. 하지만 그것은 정말이지 잘못된 결과를 낳을 위험성이 높습니다. 한국에서도 공부할 이유를 알지 못하고 공부 자체를 싫어하던 아이를 억지로 미국에 데려올 경우 말이 통하지 않기 때문에 더 큰 스트레스를 받게 됩니다. 아이들이 미국 사회에 적응하지 못하게 되어 행여 잘못된 길로 빠지게 된다면 부모로서 얼마나 큰 아픔이 되겠습니까? 아이들에게는 더 큰 고통이 따를 것입니다. 한국에서는 비록 공부는 못했지만 친구들이 있어서 재미있게 지냈는데, 친구나 가족도 없이, 낯선 나라에서 공부도 안 하고 할 일도 없이 버려진다면 아이들은 어떻게 되겠습니까? 아이들 입장에서는 가장 좋은 시기를 낭비하고 마는 결과가 될 수도 있습니다.

저도 미국생활을 하면서 그런 학생을 많이 봤습니다. 이민 와서 미국생활 자체를 너무 싫어하는 아이들도 있었습니다. 그만큼 유학 자체가 맞지 않는 아이들이 의외로 많습니다. 특별히 저는 하나님이 한국의 학생들을 전부 다 유학 보내시려는 뜻을 가지고 계신 것은 아니라고 생각합니다. 어디로 가든지 하나님 안에서 뜻을 찾으려고 기도

하십시오. 하나님께 기도하면서 자기 삶에서 하나님이 무엇을 원하시는가를 깨닫는 것이 우선입니다. 그렇게 하기 전에 유학이 더 좋니 나쁘니 하는 논쟁은 그 자체로 옳지 않습니다. 하나님이 각자에게 무엇을 보여주시는지 살펴보고 그 인생에 어떤 기회가 나타나는지 보면 하나님이 무엇을 원하시는지 알 수 있습니다.

한편 부모님들이 자녀에게 커서 꼭 어떤 사람이 되라거나 어떤 직업을 가지라고 강요하는 일, 공부만 열심히 하라고 말하는 것은 좋지 않습니다. 그보다 먼저 열심히 기도하면서 하나님이 자녀에게 무엇을 원하시는지 스스로 발견하게 하는 것이 옳다고 봅니다. 하나님은 그 자녀에게 각각 바라시는 특별한 무엇이 있을 것입니다. 그것을 발견하도록 하려면 성경을 많이 읽도록 하기 바랍니다. 하나님의 뜻은 성경에 모두 담겨 있습니다. 그러니까 열심히 기도하고 성경을 읽어서 하나님이 무엇을 원하시는지 찾으라고 가르치는 것이 더 중요합니다.

자녀를 위해 이민이나 유학을 보낼 생각이 있다면 적성과 성품이 유학생활에 적합한지 먼저 따져보시기 바랍니다. 성격도 매우 적극적이어야 하고 무엇보다 열심히 공부할 마음이 있어야 유학이 가능합니다. 유학이나 이민을 간다고 해서 모든 문제가 해결되는 것은 아닙니다. 중요한 것은 학생 스스로 공부하는 스타일이 바뀌는 것입니다. 그렇지 않고 유학만 가면 되고, 유학 못 가고 한국에 남으면 안 된다는 식의 생각은 잘못입니다.

결론적으로 말씀드리자면, 저처럼 부모님을 따라 유학을 올 기회가 있는 학생이든, 그렇지 않고 그냥 한국에서 공부하는 대다수의 학생이든, 중요한 것은 공부하는 환경이 아닙니다. 공부하려는 마음의 열심과 자세가 환경보다 더 중요합니다.

이 책에서 소개한 기본적인 저의 학습법이 조금이라도 도움이 되었으면 하고 바랍니다만 제가 말하고자 하는 가장 중요한 핵심만은 변함이 없습니다. 오직 하나님의 영광을 위해 공부한다는 자세입니다. 그런 자세를 한국의 방식에 적용하면 한국에서도 공부를 잘할 수 있는 길이 얼마든지 있다고 믿습니다.

부모님을 따라서 유학할 경우

일단 저처럼 부모님을 따라 미국으로 유학할 경우, 단기간이든 장기간이든 간에 그런 학생들은 처음에 달라진 환경에 당혹스러워하지만 곧 익숙해집니다. 그리고 미국의 학교 문화가 한국에 비해 무척 자유롭고 압박감도 덜하다는 것을 깨닫습니다. 물론 제가 그랬듯이 처음에는 대개 영어가 잘되지 않아 상당한 스트레스를 받게 됩니다. 그러나 대개 어른들보다 빨리 영어를 익혀 곧 적응하게 됩니다.

학생들이 미국에 가기만 하면 무작정 영어도 잘하고 공부도 잘하게 되리라고 기대하는 것은 말 그대로 기대일 뿐입니다. 부모님을 따라 유학을 온 경우는 자기가 의도해서 유학을 결정한 것이 아니기 때문에 단순히 환경이 바뀌는 체험을 할 뿐입니다. 그런데 많은 부모님들이 이 기회에 자녀들이 금세 영어를 할 수 있고 그곳 공부에 적응하리라는 보랏빛 환상을 가집니다. 그러나 그것은 착각입니다.

어린 학생들은 환경적 변화에 큰 스트레스를 받습니다. 저도 처음에는 거의 매일 기도실에서 울다시피 할 정도로 스트레스를 받았습니다. 어린 나이에 미국에 와서 얼마나 많은 상처를 받았는지 모릅니다.

하지만 부모님의 기도와 사랑 가운데 그 일들을 견뎌낼 수 있었습니다. 그러므로 부모와 함께 이민 유학을 오는 경우, 부모는 아무리 바쁘더라도 자녀에 대한 관심을 잊지 말아야 합니다.

저는 어린 나이에 부모님을 따라 조기유학 한 경우입니다. 미국은 사회 전반적으로 학력만을 중시하는 풍토가 아닙니다. 그래서 저 역시 초등학교와 중고등학교 시절에도 공부 때문에 지나친 스트레스를 받지 않았습니다. 하지만 저나 형, 그리고 주변의 친구들 역시 공부에 달란트가 있고 열심히 공부해서 다른 학생들에 비해 쉽게 성적이 올랐습니다. 그러자 초기 미국생활에서 겪었던 고된 기억도 점차 사라졌고 노력한 만큼 성적이 오르면서 적지 않은 성취감도 맛보았습니다. 공부에 대한 자신감을 갖기 시작했지요. 일단 자신감이 생기고 나니 엄마 아빠가 공부하라는 말을 굳이 하지 않더라도 스스로 조금만 더 하면 더 잘할 수 있겠다는 마음가짐을 갖게 되었습니다. 그런 의미에서 저는 비교적 쉽게 적응한 편입니다.

저희 가족이 살던 지역에는 새로운 이민자들이나 주재원 가족이 그다지 많지 않았습니다만 어쩌다 한두 가정이 이사 와서 적응해가는 과정을 볼 기회가 있었는데, 부모의 기대만 앞설 뿐 그 자녀들이 스스로 의지를 가지고 적응해가지 않을 경우 대학 진학률은 그리 높지 않았습니다. 학생 스스로 열심히 하겠다는 의지가 없으면 한국에서와 마찬가지로 대학에 진학하기 어려운 것이 분명한 현실입니다.

물론 상당수가 긍정적인 결과를 얻기도 합니다. 제 형의 경우, 초등학교 4학년에 올라갈 무렵 미국에 오게 되었는데, 한국에서 학교를 다닐 때는 소위 말하는 강남의 유명한 초등학교라 경쟁도 심하고 분위

기도 경쟁적이어서 무척이나 스트레스를 많이 받았다고 합니다. 학생
뿐만 아니라 부모들도 경쟁이 심하고 학교에서도 공부를 열심히 하도
록 강조하다보니 자신감까지 떨어질 무렵 미국에 오게 된 것입니다.
그래서 미국에서 3학년 2학기부터 다시 다니게 되었는데 형은 너무나
좋았다고 합니다. 일단 미국의 초등학교는 최소한 경쟁적인 분위기가
아니었기 때문이지요.

　미국에 오기 전에 부모님은 서울 강남에 있는 교회의 부목사로 사역
하고 계셨기 때문에 저희 형제 역시 강남 8학군에 있는 초등학교에 다
녔습니다. 주위에서는 이미 초등학교에 들어가기 전부터 초등학교 과
정의 과외를 시키는가 하면 여러 가지 다른 과외를 받는 아이들이 부
지기수였습니다. 그러다보니 다른 아이들은 이미 기초를 다 떼고 들
어왔고 상대적으로 저희는 항상 뒤떨어지는 느낌을 받은 것이지요.
어린 아이들에게 뒤처지는 느낌이 들게 만드는 교육 풍토는 정상이
아니라고 생각합니다.

　그렇게 자신감이 점점 없어지던 무렵 미국으로 건너온 저희들은 그
곳에서 모든 것을 처음부터 다시 배울 수 있었습니다. 선행학습을 하
고 입학하는 법이 거의 없는 미국에서는 모든 것을 서서히 자연스럽
게 알아가도록 했고 그 덕분에 저나 형 역시 서서히 자신감을 되찾기
시작한 것입니다.

　반면 부모님을 따라 중학교나 고등학교 때 유학을 오는 학생들은 대
개 두 가지 경우에 해당합니다. 유학을 오게 된 상황 자체를 불만스럽
게 생각하거나 공부할 의지가 약해진 상태입니다. 특히 초등학교 고
학년 이후 부모님 때문에 떠밀려오다시피 유학을 온 아이들의 경우,

미국의 대도시에서 학교생활에 적응하는 일은 매우 어렵습니다. 왜냐하면 한국 교민들이 많이 모여 사는 대도시에는 한국 아이들이 많고 한국에서 누리던 모든 문화시설이 갖추어져 있어서 거의 한국이나 마찬가지이기 때문에 유학을 왔다는 사실이 무색해지는 것이지요.

목회자이신 부모님이 미국 전역에 있는 목회자들과 함께 모여 이야기를 나누다보면 자연스럽게 미국에 이민을 오거나 유학 온 한국 학생들에 관한 이야기를 많이 하게 된다고 합니다. 그런데 그들이 성공하거나 실패할 확률을 두고 반반이라고 하는 말씀을 들었습니다. 중고등학교 때 미국에 오더라도 원래 공부를 잘하는 아이들이 오면 환경이 여유롭다보니 더욱 공부를 잘하게 되기도 합니다. 또 중학교 때 평범한 학생이 유학을 올 경우, 처음에는 힘들어 하지만 꾸준히 노력하고 공부해서 고등학교 때는 단연 돋보일 정도로 성적이 올라 웬만한 대학에 곧잘 진학한다고 하니 한국에 있을 때보다 대학 진학 성공률이 더 높을 수도 있습니다.

그러나 유학을 생각하기 전, 유학만이 능사가 아니라는 점을 냉철하게 인식하기 바랍니다. 미국의 교육 환경이 한국보다 나은 것은 사실입니다. 하지만 환경이 좋다고 해서 모든 학생이 저절로 공부를 잘하게 되는 것은 아닙니다. 어디서나 공부하는 학생 본인의 자세가 가장 중요하기 때문입니다.

더 중요한 것은 부모님이 그 학생이 공부할 때 함께하는 것입니다. 학생만 미국에 내팽개치듯 보내놓고 관심을 기울이지 않으면 정서적으로 불안해지고 자칫 잘못하면 탈선하게 되는 등 각종 문제를 일으킬 소지가 있습니다. 그런 측면에서 저는 감사하게도 목회하시는 아버지 어머니와 함께 살면서 심리적으로 안정감을 가졌을 뿐만 아니라 부모님께서 기도와 말씀으로 항상 세워주셨기 때문에 잘 견뎌낼 수 있었다고 생각합니다. 비록 가장 힘들고 중요한 시기인 고등학생 마지막 무렵에 부모님이 한국으로 돌아가셔서 잠시 힘이 들기도 했지만 그 전까지 계속해서 같이 생활했던 가족의 영향력이야말로 어려운 환경 변화를 이겨내는 힘이 되었습니다.

자녀만 유학 보낼 경우

이민, 유학, 장기출장 등으로 미국에 온 부모님을 따라 조기유학을 하게 되는 경우에도 장단점은 물론 기타 유의할 사항이 많습니다. 그런데 부모님은 한국에 있고 자녀만 미국에 보내서 유학하게 할 경우에는 공립학교가 아닌 사립학교에 보낼 가능성이 높습니다. 공립학교는 원칙적으로 외국인이 입학할 수 없기 때문입니다. 사립학교는 학교 여건에 따라 다르기는 해도 비용이 많이 드는 대신 대체로 의식주가 해결되고 생활지도까지 받게 되기 때문에 학생에게 안전한 편입니다.

그러나 어떤 경우이든 미국 현지에서는 학생의 생활을 수시로 확인해줄 수 있는 일종의 대리인이 있어야 합니다. 초등학교의 경우 직간접으로 아는 분의 가정에 맡겨 의식주를 해결하며 생활 관리까지 받는 '홈스테이'(Home Stay)를 알아보는 방법이 있습니다. 학교에 따라 다르지만 기숙사에 들어가야 할 경우 중고등 사립학교는 미국 사회에서도 경제적인 여유가 있는 가정에서나 보낼 정도로 학비와 각종 비용이 많이 듭니다. 이런 학교의 시설과 교육 수준은 매우 높습니다.

학교에 따라 다르겠지만 아주 좋은 명문 사립학교의 경우 웬만한 대학교와 맞먹을 정도로 비용이 많이 든다고 알고 있습니다. 그러나 이것도 한국에서 필요 이상으로 지출되는 일부 계층의 고액 사교육비에 비하면 적을 수 있다고 하니, 오늘날 한국의 교육 현실을 어떻게 이해해야 할지 난감합니다.

학생 혼자 유학을 보낼 때는 유학을 보낼 지역 선별에 각별히 신경을 써야 합니다. 부모님을 따라 유학을 오게 된 학생은 일반적으로 부모님의 보호 없이 혼자 온 경우보다 학습 환경이 안정적이고 유익합니다. 부모님이 함께 계셔서 학생에게 지대한 관심을 기울일 수 있다면 교포가 많은 대도시로 간다 해도 큰 지장은 없습니다. 하지만 부모가 같이 가는 것이 아니라면 LA나 뉴욕 같은 큰 도시보다는 오히려 한인 학생들이 적은 소도시가 더 바람직하다고 생각합니다. 한국 학생들이 너무 많아서 쉽게 한국어를 할 수 있는 환경에서는 영어를 배우는 속도가 자연히 늦어집니다. 반대로 너무 작은 도시는 배타적이거나 환경이 독특하여 문화적으로 적응하기 어렵다는 단점도 있습니다.

이처럼 유학을 결정할 때는 복잡하고 다양한 정보를 모두 고려해야 합니다. 부모가 함께 갈 수 없고 자녀만 유학을 보낼 때는 반드시 다음 두 가지를 유념해야 합니다. 만일 경제적인 여유는 있는데 부모가 함께 체류할 입장이 아니라면 기숙사에서 생활하는 사립학교에 보내시기 바랍니다. 또 반드시 좋은 교회를 선택하여 신앙생활을 잘하도록 배려하는 것이 중요합니다.

초등학생이나 중고등학생 때 자녀만 조기유학을 보내려면 현실적으로 경제적인 여유가 있어야 가능합니다. 친척집이나 한인 가정에 자녀를 맡긴다 하더라도 학비와 용돈을 제하고 매달 생활비로 최소 1,000불 내지 1,500불 정도가 필요합니다. 그러나 자녀의 생활과 학습 지도를 친척이나 홈스테이 가정에게 완벽하게 의존하기 어렵다고 판단되면 기숙사가 딸린 사립학교를 선택하는 것이 좀 더 안전합니다. 문제는 비용입니다. 사립학교의 기숙사비와 학비를 포함하면 연간 비용이 2~3만 달러나 되기 때문입니다. 그 정도의 돈은 한국의 보통 직장인에게는 연봉 혹은 그 이상에 해당하는 큰돈입니다.

미국의 명문 사립 중고등학교 역시 원칙적으로 부모가 돈만 많다고 해서 모두 받아들이는 것은 아닙니다. 학생이 공부를 잘해야 합니다. 그런데 이런 사립 중고등학교에 다니면 졸업한 다음에는 물론 공부하는 과정에서도 대학 진학에 유리한 점이 많습니다. 명문대학교에서는 좋은 고등학교를 나온 학생들을 선호한다는 말도 있습니다.

사립학교마다 방침은 조금씩 다른데, 어떤 사립학교에서는 오전부터 수업을 하고 오후 2시나 3시에 수업을 마치고 나면 저녁식사 시간 전까지 각자 선호하는 운동을 하도록 합니다. 저녁을 먹고 나면 각자 기숙사 방으로 들어가서 8시나 8시 반까지 숙제와 자습을 합니다. 이때 모든 학생들은 공부에 집중합니다. 기숙사 통로에는 학생들의 질문에 답하며 별도로 학생들을 지도해줄 선생님이 앉아 있습니다. 선생님이 각 기숙사에 배치되어 학습 능력이 떨어지는 학생들을 가르치는 것이지요. 어찌 보면 진정한 의미의 방과 후 보충수업이라고 할 수 있습니다. 그래서인지 한국에서 명문사립학교로 유학을 보낸 경우, 다른 경우에 비해 대학 진학률이 높은 편이라고 합니다. 그런 사립학교에서는 외국에 있는 학부모님들에게 정기적으로 학생의 생활상과 성적 등을 보고합니다.

　주말에는 친척집을 방문하여 한국 음식도 먹고 정서적으로 한국 문화를 체험하는 것이 좋습니다. 사립학교가 아무리 좋다고 해도 주위에 아는 사람 하나 없을 경우 심한 외로움을 느끼게 되어 여러 가지 곤란한 일이 생기기 때문입니다. 친척집에 가서 주말을 같이 보내면서 그 집 근처 중고등학교 아이들을 돌보고, 신앙훈련을 잘 시키는 중고등부가 있는 교회를 선택하여 출석하도록 하는 일도 반드시 필요합니다. 미국 문화 속에 살면서 주일에 교회를 가지 않으면 중심이 흔들리고 타락할 가능성이 높습니다. 비록 자녀가 예수를 믿지 않더라도 미국에 보냈으면 반드시 교회에 나가도록 하는 것이 좋습니다. 또 예수님을 믿는 학생이라면 당연히 그래야 합니다. 자녀가 주일에는 교회 학생들과 어울리고, 주중에는 명문 학교에서 충실하게 공부하고, 주말에 인근 친척집을 방문하도록 할 수만 있다면 삼박자가 척척 맞는 가장 바람직한 환경이 조성되는 셈입니다.

　하지만 모든 사람이 미국에 친척을 두고 있을 것은 아닙니다. 그러므로 좋은 교회와 좋은 한인가정과 연계하여 생활하도록 하는 것이 좋습니다. 그러면 주말에 불필요한 곳으로 돌아다닐 일도 없고, 한국 음식도 먹을 수 있고, 그 가족과 한데 어울려 주말이나 휴일을 즐기며, 주일에 교회에 나가 신앙생활까지 할 수 있기 때문입니다.

교환학생으로 유학하기

　사립학교로 유학하는 일은 경제적인 여유가 있는 일부 특별한 사람들에게나 해당합니다. 만일 경제적으로 그다지 여유롭지는 않지만 진정으로 유학의 필요성을 느껴서 유학하는 편이 더 유익하다고 판단될 경우 사립학교가 아닌 공립학교로 보내는 방법이 있지 않느냐고 묻는데 원칙적으로 미국의 공립학교는 유학생을 받아들이지 않습니다. 공립학교에는 미국 시민이나 영주권자만이 다닐 수 있습니다. 과거 공립학교에서도 지역에 따라 유학생을 받아들이는 경우가 더러 있었으나 그런 기회가 점점 없어지고 유학 조건도 까다로워졌기 때문에 공립학교에 들어가는 일은 쉽지 않습니다.

더욱이 요즘은 조기유학이 아닌 나이가 웬만큼 든 다음 미국에 올 경우, 적응하여 공부를 잘하기가 여간 어려워진 것이 아닙니다. 이제 미국도 이민과 유학의 절차와 과정이 한층 까다로워지고 있는 것이지요. 또 부모가 체류자격이 없을 경우 아이는 학교에 머물게 해도 부모는 출국해야 하는 식으로 규정이 한층 강화되고 있는 형편입니다.

소수이긴 하지만 한국 학생들이 교환학생 자격으로 일정 기간 미국 공립학교에서 공부할 수 있는 기회가 있습니다. 이렇게 공립학교에 다니는 교환학생의 경우 기숙사가 없기 때문에 홈스테이(Home Stay)를 해야 합니다. 제가 다니던 교회에도 교환학생 자격으로 1년간 고등학교에 다니다가 돌아간 한국 학생이 있었는데, 그 학생은 미국인 가정에서 홈스테이를 했습니다. 그래서 그런지 영어가 굉장히 빨리 늘었습니다.

홈스테이란 미국 사람이든 한인교포의 가정이든 일정한 생활비를 내고 그 집에서 숙식과 생활 지도를 받는 것을 말합니다. 홈스테이를 할 수 있는 가정의 시설과 여건은 일정한 것이 아닙니다. 그 대신 교환학생은 공립학교에 다니기 때문에 학비를 거의 내지 않습니다.

미국인 가정에서 홈스테이를 할 경우 특별한 유익이 있습니다. 홈스테이를 하는 미국인 가정은 대부분 보수적인 사고방식을 가진 중산층 미국인으로서 외출이나 기타 개인적인 어떤 활동이든지 거의 다 허락을 받도록 하고 있습니다. 밤 9시 이전에 반드시 집에 돌아와야 하며 외박을 금지하는 등 생활 규칙을 엄격하고 정확하게 적용합니다. 이 경우 먼 나라에서 온 다른 나라 학생을 책임감을 가지고 돌본다는 각오로 더 엄하게 단속하는 편입니다. 또한 미국인 가정에서 홈스테이를 할 경우 그 학생의 영어 실력이 나날이 향상된다는 점과 가까이에서 미국 문화를 이해할 수 있다는 이점이 있습니다.

일단 결정했으면 지체하지 말라

조기 유학을 검토할 경우 일차적으로 영어회화 공부를 어느 정도까지 하고 가야 하는지 물어보는 분이 많습니다. 즉, 한국에서 미리 학원을 다니다가 유학을 갈 것인가, 아니면 일단 유학을 가서 하는 편이 좋은지 묻는 질문입니다. 제 경우에는 초등학교 1학년 때부터 미국 생활을 시작해서 적응도 용이한 편이었지만 중학교 이상 된 학생의 경우는 상황이 많이 다를 것이 분명합니다.

중학생과 초등학생이 새로운 언어를 배우는 적응력의 차이는 매우 큽니다. 중학생도 1학년과 2학년의 차이가 확연합니다. 그런데 중학생이 된 이후 유학하고 싶은 마음이 들었다면 한국에서 적어도 1년 이상 영어공부를 하고 가야 한다고 말하는 분이 있는데, 제 생각은 다릅니다. 이미 중학생이 되었다면 늦은 편이지만 이미 가기로 마음을 정했다면 더 이상 지체하지 말고 준비되는 대로 곧 가야 합니다. 늦기는 했지만 이왕 가기로 한 것이면 하루라도 빨리 갈수록 좋습니다. 한국에서 영어 공부를 하는 것보다는, 부족하지만 지금 실력 그대로 미국에 가서 미국인 학교에 들어가는 것, 그것이 좀 더 효과적입니다.

청소년기에 영어를 제대로 공부하지 않은 상태에서 왔다고 해도 기초 수준의 영어 실력을 가졌을 경우 반년에서 1년 정도면 영어가 들리기 시작합니다. 사람들은 대개 그렇게 언어를 배우게 마련입니다. TV를 켜도 영어만 듣게 되고, 식당에서 혼자 밥을 먹고 있어도 옆 사람들이 말하는 소리는 죄다 영어뿐이므로 제대로 공부를 안 하는 것 같지만 미국에 있기만 해도 24시간 자연스럽게 영어 공부를 하게 되는 셈입니다.

한국에서 영어를 배우는 것과 미국에서 영어를 배우는 것을 비교해 보면 차이가 많습니다. 한국에서는 거의 다 책을 통해서 영어를 배웁니다. 그러나 미국에서는 계속해서 듣고 말하다보니까 말문이 트이는 것이 빠를 수밖에 없습니다. 말을 하면서 영어를 연습하는 것이 읽는 것보다 더 중요하니까요. 그래서 미국에 가서 반 년만 살아도 한국에서 1,2년간 영어회화 공부를 하는 것보다 훨씬 더 효과적일 때가 많습니다.

그리고 이왕이면 적극적으로 사람들과 친해지고 붙임성이 있는 학생일수록 미국 유학생활에도 빨리 적응할 수 있습니다. 같은 시간이라도 붙임성 있게 잘 적응하는 아이들이 영어 실력도 빨리 늡니다. 상대적으로 친구를 빨리 못 사귀거나 지나치게 혼자 있기 좋아하면 영어를 빨리 배우기 어렵습니다. 한인 교회라고 해서 아이들이 우리말을 먼저 사용하는 것은 아닙니다. 부모님을 따라 주일에 한인 교회에 나오는 한인 청소년, 그러니까 1.5세나 2세에게는 이미 영어가 더 익숙하므로 또래끼리 주로 영어를 사용합니다. 그러니까 유학 온 한국인 학생들이 한인 교회에서 한인 학생과 먼저 친해질 경우 부담스럽지 않게 좀 더 쉽게 영어를 익힐 수 있습니다.

하나님의 영광을 위한 장래 비전을 꿈꾸며

제가 아직 어리고 크게 한 일이 없음에도 불구하고 이 같은 책이 발간된 것은 하나님께서 부족한 저에게 은혜를 베풀어주셨기 때문이라고 믿습니다. 바라기는 이 작은 책이 독자 여러분에게 조금이라도 도움이 될 수 있기를 소원합니다.

하나님의 은혜로 공부하면서 SAT 만점을 받고 하버드 의예과에 합격하면서 저는 많은 분들로부터 칭찬을 받았습니다. 그럴 때마다 저는 부끄럽고 부족한 제 자신을 돌아보게 되었습니다. 그렇지만 이 모든 것이 제게 부어주신 하나님의 전적인 축복이기에 이 책을 통해서 저의 이야기를 독자들과 함께 나누려 한 것입니다.

지금 제게 주어진 이 모든 성과는 사실 제 인생의 목적 자체는 아닙니다. 다만 제가 살아가고자 하고 추구하려는 인생의 목적 중 한 부분일 뿐입니다. 제 인생의 목적은 오로지 하나님께 영광을 돌려드리는 것입니다. 공부를 할 때에도 저는 오직 하나님의 영광을 위하여 공부합니다. 하나님께서는 제게 공부할 수 있는 기회와 지혜를 갖도록 큰 복을 부어주셨기 때문입니다. 하나님은 제가 공부하면서 학업에 필요

미국 유학 초기 시절의 어느 해 겨울, 쌓인 눈을 치우며 눈사람을 만든 인환 군(왼쪽)과 형 영환 군의 즐거운 한때.

한 지혜를 구했을 때에 그 모든 것을 축복과 은혜로 공급해주신 분입니다.

모든 학생에게는 고르게 학업의 기회가 주어집니다. 단 그 기회의 시간 동안 무엇에 온전한 목적을 두고 공부하느냐에 따라서 결과는 달라질 수 있습니다. 물론 저는 학생입니다. 하지만 솔직히 말씀드리면 저는 공부를 제 목적의 일순위로 삼지 않았습니다. 제 삶의 일차적인 목적을 오직 하나님께 두었습니다. 그렇게 하다보니 제가 해야 할 공부에 집중하게 되고 성취하려는 마음과 목적이 더욱 분명해졌던 것이라고 생각합니다.

제가 하나님께서 제게 기대하시는 바른 삶을 살아가기 원하고, 또 그렇게 노력한다면 하나님은 그 삶에 필요한 모든 축복을 계속해서 공급해주시리라고 믿습니다.

하나님의 기쁨이 되는 삶

이제 하나님은 저를 하버드대학교에 보내주셨고 하나님의 영광을 위하여 살아가는 삶을 준비하도록 이끌어주고 계십니다. 저는 하버드대학교에서 학창시절을 보낼 때에 하나님의 기쁨을 구하는 삶을 살기 위해 최선의 노력을 다할 것입니다. 하나님께서 날마다 저의 삶을 올바른 길로 인도해주시기를 기도할 것입니다.

또한 저는 하버드대학교 의예과 수업을 통해서 앞으로 훌륭한 의사가 될 수 있도록 준비하며 수술을 집도하는 능력과 의과 계통의 전반적인 지식을 잘 습득하도록 열심을 다할 것입니다. 그리고 최첨단의 의학 정보를 소화할 수 있도록 최선의 노력을 다할 것입니다. 그리하여 하나님께서 저를 통해 역사하셔서 치료의 손길이 필요한 사람에게 치유의 역사가 일어날 수 있기를 기도합니다. 또한 가난한 사람에게도 의료의 혜택이 돌아가도록 봉사하며 사는 삶을 꿈꿉니다. 제3세계

주일 성수와 교회 봉사에 우선순위를 두어야 합니다. 주일학교 수련회에 참가한 모습(왼쪽에서 세 번째).

사람들을 온전히 섬기기 위해 '복음과 의료 실력을 겸비한' 의사가 되려고 힘쓸 것입니다.

하나님은 제가 저의 직업을 통해 자신만의 이익을 추구하는 것을 결코 원하지 않으십니다. 만일 제가 제 장래를 꿈꾸며 제 자신만을 위한 이기적인 인생을 살아가려 한다든지, 혹은 하나님의 기대나 뜻을 벗어난 인생을 살아간다면 하나님께서는 저의 가는 길을 언제라도 막으실 것입니다. 저는 그렇게 믿고 있습니다.

그동안 제게 주신 이 모든 축복 역시 오직 하나님의 영광만을 위해 공부하고 봉사하며 살아가겠다는 저의 기도를 기쁘게 들으셨기 때문에 주신 것이라고 생각합니다. 만일 제 개인적인 욕심을 채우려고 공부했다면 저는 이렇게까지 좋은 결과를 얻지 못했으리라고 생각합니다. SAT 만점을 비롯하여 허락해주신 학업의 좋은 결과도, 하버드대학교에 진학하면서 풀스칼러십(Full Scholarship)을 받게 된 것도 전적으로 하나님께서 은총과 선물로 하락하신 것들이라고 저는 믿습니다. 하나님은 제가 미처 구하지 못했고 깨닫지 못했던 것들까지 제게 전부 쏟아부어주셨습니다.

저의 모든 삶은 저의 것이 아니며 모두 하나님이 주신 복이라고 믿기 때문에 저는 앞으로도 저의 삶을 통해 할 수 있는 한 많은 사람들을 하나님의 사랑으로 섬기는 삶을 살고자 합니다. 또한 하나님이 보여주시는 길을 따라 섬기고 봉사하는 삶을 살아갈 것입니다.

그런 면에서 저는 이 책을 읽는 한국의 중고등학생을 비롯한 여러 독자들께서 하나님을 향한 삶의 목적부터 분명히 세우시기를 감히 권면하고자 합니다. 아직 하나님을 만나지 못하셨거나 자신의 인생의 목적을 분명하게 세우지 못한 분들이 계시다면, 무엇보다 먼저 창조주 하나님께 영광을 돌려드리는 인생을 설계하실 수 있기를 바랍니다. 하나님이 계신 것을 인정하면서도 공부만이 최고라는 생각에 붙

I hope you enjoyed your visit
to the Pennsylvania Capitol.

고등학교 때 육상부원으로 활동할 당시 펜실베니아 주지사의 초청을 받아 청사를 방문, 기념 촬영을 했다.
사진 앞줄 좌측에서 두 번째가 필자.

들려 있는 분들이 있다면 과연 무엇이 우리 인생에서 가장 소중한 문제인가를 다시 한번 심각하게 생각해볼 수 있기를 바랍니다.

우리가 하나님의 영광을 인생의 목적으로 삼는다는 말은 우리의 삶을 하나님이 영광 받으실 만한 삶으로 발전시키고 준비해나간다는 의미가 아니겠습니까? 그렇다면 학생으로서 해야 할 일은 분명합니다. 미래의 자신이 쓰임받기 위해 자신의 달란트를 최대한 발전시키려고 노력하며, 하나님이 원하시는 삶을 살기 위해 공부를 잘하려고 노력하는 것입니다. 만약 하나님의 영광을 위해 살기 위해 대학에 가야 할 필요가 있다면 두말할 것도 없이 학업에 열중하는 믿음의 청소년이 되어야 할 것입니다.

적어도 제 경우에는, 제가 하나님께 집중했을 때 공부에도 집중할 수 있었습니다. 제가 하나님께 집중하지 않고 공부에 집중할 수 있었던 적은 거의 없습니다. 하나님께 목적을 두며 인생의 올바른 목적을 세운 사람이라야 자신이 하고 있는, 혹은 해야 할 일에 온전히 집중할 수 있습니다. 저는 독자 여러분 각자가 이 같은 인생의 목적을 깨닫고 구체적으로 실천할 수 있기를 기대합니다.

공부보다 더 중요한 주일성수

하나님을 인생의 목적으로 삼으면 삶의 구체적인 정황 가운데에서도 하나님의 뜻을 먼저 구하는 결정을 하게 됩니다. 시험도 중요하고 공부도 중요합니다. 하지만 그 전에 신앙생활과 교회생활에 반드시 우선순위를 두십시오.

주일에는 반드시 교회에 나가 예배를 드리십시오. 비록 시험이 눈앞에 닥쳤을 때에라도 교회 봉사와 교육 활동에 빠지지 마십시오. 시험

삼선감리교회에서 간증하는 지인환 군.

이 바로 다음날 월요일 아침에 있을지라도 주일성수해야 합니다.

많은 학생들이 월요일부터 중요한 시험이 있다고 할 때 시험 준비가 충분하지 않다고 느낄 수 있습니다. 저도 마찬가지입니다. 하지만 어느 누구라도 시험 준비에 완벽했다고 자신하기란 어렵습니다. 그래서 시험 전날 교회 주일학교에 나와 예배를 드리는 학생도 불안한 마음을 갖게 됩니다. 도리어 부모님들이 더 염려하여 아예 예배를 드리지 못하게 하거나 오후 집회를 빼먹고 시험 준비를 하도록 하는 경우도 있습니다. 중요한 시험이나 대학입시를 앞둔 수험생의 경우 장기적으로 교회에 출석하지 않도록 하며, 주일에도 학원이나 과외에서 수업을 받게 하는 부모님도 있다고 합니다. 정말 심각한 문제는 그 부모님들이 하나님을 모르는 분들이 아니라 교회의 직분자라는 것입니다. 오죽 마음이 답답하고 불안했으면 그러실까 하고 이해는 됩니다만 제 소견과 경험에 비추어볼 때 그것은 결코 바람직하지 않은 불신앙적인 결정입니다.

혹 주일을 성수하지 않으면서 공부한 결과 대학에 진학했다고 하더라도 그 학생은 결코 하나님의 영광을 위해 살아가는 믿음의 청년이 될 수 없을 것입니다. 비록 시험 준비를 충분히 하지 못해서 상대적으로 조금 떨어진 점수를 받게 되고, 상대적으로 좀 더 좋은 대학에 들어가지 못한다 하더라도 하나님은 우리의 점수나 학력을 보고 우리를 사용하시는 분이 아니라고 믿습니다. 하나님은 하나님께 삶의 목적을 둔 사람을 사용하시지 인간적인 욕심과 세속적인 성공주의에 불타는 사람을 쓰시지 않을 것입니다.

저는 이 책에서 믿음의 학생들이 신앙생활을 우선하며 주일성수를 잘할 수 있도록 하려면 주중에 어떻게 효과적으로 자기관리와 시간관리를 해야 하는지 소개했습니다. 제 경험을 토대로 정신을 집중하여 학습 효과를 높이는 공부법을 간략하게나마 공개했습니다. 그러나 가장 중요한 것은 하나님을 향한 목적을 분명히 하는 것입니다. 그것이 가장 분명한 우선순위가 된다면 다른 모든 지혜는 하나님이 덤으로 주실 줄 믿습니다.

모쪼록 저와 여러분 모두 하나님과 함께 거하며, 하나님 안에서 더 많은 시간을 하나님의 영광을 구하는 삶에 투자하게 되기를 바랍니다. 그리하여 살아계신 하나님을 우리의 삶 가운데 매일매일 체험하게 되기를 기도합니다.

지인환

"인생의 최고 목적이란 무엇인가?"
웨스트민스터 소요리문답 첫번째 문답

문 : 사람의 첫째되는 목적은 무엇입니까?

답 : 사람의 첫째되는 목적은 하나님을 영화롭게 하는 것과[1] 그분을 영원토록 즐거워하는 것입니다[2].

---

1) "그런즉 너희가 먹든지 마시든지 무엇을 하든지 다 하나님의 영광을 위하여 하라" (고전 10:31).

"이는 만물이 주에게서 나오고 주로 말미암고 주에게로 돌아감이라 영광이 그에게 세세에 있으리로다 아멘"(롬 11:36).

2) "하늘에서는 주 외에 누가 내게 있으리요 땅에서는 주밖에 나의 사모할 자 없나이다 내 육체와 마음은 쇠잔하나 하나님은 내 마음의 반석이시요 영원한 분깃이시라 대저 주를 멀리하는 자는 망하리니 음녀같이 주를 떠난 자를 주께서 다 멸하셨나이다 하나님께 가까이 함이 내게 복이라 내가 주 여호와를 나의 피난처로 삼아 주의 모든 행사를 전파하리이다"(시 73:25-28).

이 책의 제목이며 저자의 신앙고백이기도 한 "나는 하나님의 영광을 위해 공부한다"라는 말은 개신교의 신앙고백 표준서 가운데 하나인 '웨스트민스터 소요리 문답'의 첫 번째 문답과 관련이 있습니다. 이에 이 책의 말미에 '첫 번째 문답'과 관련 성구를 한글과 영문으로 게재합니다. – 편집자 주

Q : What is the chief end of man?

A : Man's chief end is to glorify God[1], and to enjoy Him forever[2].

---

1) "So whether you eat or drink or whatever you do, do it all for the glory of God"(1Cor. 10:31) .

"For from him and through him and to him are all things. To him be the glory forever! Amen"(Rom. 11:36).

2) "Whom have I in heaven but you? And earth has nothing I desire besides you. My flesh and my heart may fail, but God is the strength of my heart and my portion forever. Those who are far from you will perish; you destroy all who are unfaithful to you. But as for me, it is good to be near God. I have made the Sovereign LORD my refuge; I will tell of all your deeds"(Ps. 73:25-28).

나는 하나님의 영광을 위해 공부한다

초판 1쇄 발행 | 2004년 7월 29일
초판 32쇄 발행 | 2009년 5월 18일

지은이 | 지인환
펴낸이 | 여진구
펴낸곳 | 규장

주소 | 137-893 서울시 서초구 양재2동 205 규장선교센터
전화 | 578-0003
팩스 | 578-7332

등록일 | 1978.8.14. 제1-22
이메일 | kyujang@kyujang.com
홈페이지 | www.kyujang.com

책값 | 뒤표지에 있습니다.

ISBN 89-7046-962-1-03230

규 | 장 | 수 | 칙

1. 기도로 기획하고 기도로 제작한다.
2. 오직 그리스도의 성품을 사모하는 독자가 원하고 필요로 하는 책만을 출판한다.
3. 한 활자 한 문장에 온 정성을 쏟는다.
4. 성실과 정확을 생명으로 삼고 일한다.
5. 긍정적이며 적극적인 신앙과 신행일치에의 안내자의 사명을 다한다.
6. 충고와 조언을 항상 감사로 경청한다.
7. 지상목표는 문서선교에 있다.

> 하나님을 사랑하는 자 곧 그 뜻대로 부르심을 입은 자들에게는
> 모든 것이 合力하여 善을 이루느니라 (롬 8 : 28)

Member of the
Evangelical Christian
Publishers Association

규장은 문서를 통해 복음전파와 신앙교육에 주력하는 국제적 출판사들의 협의체인 복음주의출판협회(E.C.P.A:Evangelical Christian Publishers Association)의 출판정신에 동참하는 회원(Associate Member)입니다.